А.А. Попов

Немецкая грамматика от A до Z

Словарь-справочник по практической грамматике немецкого языка

"Лист"
Москва 1999

Немецкая грамматика от A до Z. А.А.Попов. — М.: «Лист», 1999. — 272 с.

Словарь-справочник по всем разделам немецкой грамматики.

Оформление А.В.Алексеев
Компьютерная верстка А.А.Егоренков

Издательство «Лист Нью»
Лицензия ЛР № 064763 от 24.09.96 г.

Подписано к печати 22.05.97 г. Формат 60 × 84 1/16.
Бумага типографская. Печать офсетная. Усл. печ. л. 15,81.
Тираж 10 000 экз. Заказ № 704.

Отпечатано с готового оригинал-макета
в типографии ГИПП «Вятка».
610044, г. Киров, ул. Московская, 122.

ISBN 5-7871-0015-8

© А.А. Попов
© ООО "Лист Нью", 1998

Предисловие

Словарь служит справочником и руководством по всем разделам (явлениям) немецкой грамматики.

Особенность формы изложения материала состоит в том, что в каждом разделе словаря (заглавном слове) грамматическое явление дается в комплексе, т. е. его морфология и синтаксис, и сопровождается примерами, где оно раскрывается и объясняется в полном объеме, а также включает:
— характеристику данного грамматического явления и его словоформы, его отличительные признаки;
— способы выделения из контекста;
— значение и употребление;
— перевод на русский язык.

Книга предназначена для тех, кто самостоятельно изучает немецкий язык и кому необходимо разобраться с тем или иным грамматическим явлением. Она может быть также использована в языковых группах различного профиля как при работе над определенной грамматической темой, так и при систематизации и повторении грамматического материала. Наконец, она может служить как справочный материал при переводе с немецкого языка на русский или для других целей.

В приложении дается ряд грамматических таблиц, раскрывающих основные трудности морфологического и синтаксического характера. Грамматические таблицы не являются полным курсом грамматики, а лишь справочным материалом, указывающим на наиболее часто встречающиеся трудности немецкого языка.

Поскольку подобный словарь является первым в своем роде, автор будет признателен всем, кто выскажет свои замечания и пожелания.

Предисловие

Как пользоваться словарем

Немецкие заглавные слова расположены в алфавитном порядке.

Буква ß в отношении алфавита приравнивается к буквам ss, буквы ä, ö, ü — к а, о, u.

Грамматические омонимы (части речи) даются в одной статье с выделением римскими цифрами:

ganz I прилагательное; весь, целый
ganz II наречие; совсем, совершенно

К соответствующему значению слова даются примеры с переводом на русский язык. Значения, смысл которых недостаточно ясно иллюстрируется одним или несколькими переводами, снабжены пояснительными словами в скобках. Равнозначные варианты даются через /.

Сокращения

Латинские сокращения

A Akkusativ аккузатив (винительный падеж)
D Dativ датив (дательный падеж)
etw. etwas что-либо
f/fem(i)n(in) Femininum женский род
G Genitiv генитив (родительный падеж)
(h) употребляется с вспомогательным глаголом haben
inf Infinitiv инфинитив (неопределенная форма глагола)
j-d jemand кто-либо
j-m jemandem кому-либо
j-n jemanden кого-либо
m/mask(ulin) Maskulinum мужской род
n/neutr(al) Neutrum средний род
N Nominativ номинатив (именительный падеж)
part II Partizip II партицип II (причастие II)
pl Plural множественное число
(s) употребляется с вспомогательным глаголом sein

Предисловие

sg Singular единственное число
schw. schwach слабый (глагол)
s.S. sieh Seite смотри страницу
st. stark сильный (глагол)
v Verb глагол
vi verbum intransitivum непереходный глагол
vt verbum transitivum переходный глагол
u.a. und andere и другие
usw. und so weiter и так далее
z.B. zum Beispiel например

Русские сокращения

без pl без множественного числа
вин. винительный падеж
дат. дательный падеж
ед. число единственное число
жен. р. женский род
им. именительный падеж
и т.д. и так далее
л. лицо
мн. число множественное число
муж. р. мужской род
напр. например
погов. поговорка
род. родительный падеж
см. смотри
сокр. сокращение
ср. сравните
ср. р. средний род
сущ. существительное
тж. также

Ab

ab – предлог, требует дательного падежа; артикль после него, как правило, отсутствует;

Употребляется:

1. для обозначения исходного пункта времени или места, переводится от, из, с:

Unser Zug fährt **ab** Hauptbahnhof.	Наш поезд отправляется **с** центрального вокзала.
Der Preis für neues Modell beträgt DM 20000 **ab** Werk.	Цена новой модели — 20000 марок, поставка **с** завода.
Alle Hemden **ab** DM 15,-.	Все рубашки ценой **от** 15 марок.
Jugendlichen **ab** 16 Jahren ist der Zutritt gestatten.	Детям **от** 16 лет вход разрешен.

2. для обозначения дат, требует в этом случае часто винительного падежа, переводится с:

Ab heute läuft dieser Film in unserem Kino.	**С** сегодняшнего дня этот фильм идет в нашем кинотеатре.
Ab nächsten Montag ist er wieder in Köln.	**Со** следующего понедельника он снова в Кельне.
Ab ersten Februar werden die Fahrpreise erhöht.	**С** первого февраля повышаются тарифы на транспорт.

aber – сочинительный союз, переводится но, же, уж;

Употребляется:

1. для выражения противопоставления, ограничения и т.п.; часто стоит в середине предложения:

Die Reise ist interessant, **aber** zu teuer.	Путешествие интересное, **но** очень дорогое.
Wir wollten auch mitfahren, **aber** wir hatten keine Zeit.	Мы тоже хотели поехать вместе со всеми, **но** у нас не было времени.
Das geht **aber** zu weit!	Это **уж** слишком!

2. как усилительная частица, часто не переводится:

Aber, meine Herren!	**Но**, господа!

Aber

Aber ich bitte Sie!	**Но** позвольте!
Kommst du? – **Aber** gern!	Ты придешь? – Охотно!

alle – неопределенное местоимение множественного числа, при склонении имеет следующие окончания:

Им.	alle
Вин.	alle
Дат.	allen
Род.	aller

переводится *все*;

Употребляется:

1. в качестве замены существительного на вопрос кто? (wer?)

Alle waren mit den Ergebnissen zufrieden.	**Все** были довольны результатами.

2. в качестве замены артикля на вопрос какой? (welcher?)

Alle Busse fahren zu Bahnhof.	**Все** автобусы идут на вокзал.
Ich antwortete auf **alle** Briefe.	Я ответил на **все** письма.
Das wurde **allen** Studenten mitgeteilt.	Об этом сообщили **всем** студентам.
Das ist das Recht **aller** Menschen.	Это право **всех** людей.

3. в качестве именной части сказуемого после глаголов sein и werden:

Die Brötchen sind **alle**.	Булочки кончились.
Die Dummen werden nicht **alle**.	Дураки не переводятся (погов.)

4. для выражения чего-либо систематически повторяющегося с обозначением меры или времени:

Der Bus fährt **alle** 10 Minuten.	Автобус ходит **каждые** 10 минут.

5. если alle относится к существительному во множественном числе, которое выступает в качестве подлежащего и стоит

Alle

на первом месте в предложении, то alle может стоять после глагола:

| Die Kinder sind **alle** ins Kino gegangen. | **Все** дети пошли в кино. |

6. если после alle стоит прилагательное, то оно имеет окончание -en:

| Ich kann nicht **alle** interessanten Filme sehen. | Я не могу (по)смотреть **все** интересные фильмы. |
| **Alle(r)** guten Dinge sind drei. | Бог троицу любит. (погов.) |

7. если alle стоит перед артиклем или местоимением, то употребляется краткая форма all:

| **All** die Jahre lebte er in Polen. | **Все** эти годы он жил в Польше. |

alles – неопределенное местоимение единственного числа, при склонении имеет следующие окончания:

Им.	alles
Вин.	alles
Дат.	allem
Род.	–

переводится *всё*;

Употребляется:

1. в отношении предметов на вопрос что? (was?)

| Mir war **alles** klar. | Мне было **всё** ясно. |
| Haben Sie **alles** verstanden? | Вы **всё** поняли? |

2. в отношении группы лиц на вопрос кто? (wer?)

| **Alles** war gespannt, was er sagen wird. | **Все** напряженно ждали, что он скажет. |
| **Alles** aussteigen! | (Просьба) освободить вагоны! |

3. если после alles стоит субстантивированное прилагательное, то оно пишется с заглавной буквы (кроме слова ander-) и имеет окончание -e или -en:

Alles

Ich wünsche Ihnen **alles** Gute! — Желаю вам **всего** хорошего!
Alles andere wird man Ihnen erklären. — **Всё** остальное вам объяснят.

als – подчинительный союз

Употребляется:

1. в придаточном предложении времени, для выражения однократного прошедшего действия,
   переводится _когда:_

   Als ich in Berlin ankam, war es schon spät. — **Когда** я прибыл в Берлин, было уже поздно.
   Wir konnten erst weiter fahren, **als** das Gewitter vorübergezogen war. — Мы смогли продолжить поездку только тогда, **когда** гроза прошла.

2. в придаточных предложениях сравнения; в главном предложении часто стоит прилагательное или наречие в сравнительной степени,
   переводится _чем:_

   Die Aufgabe ist viel schwieriger, **als** ich erwartet habe. — Задача намного труднее, **чем** я ожидал.

3. в придаточных предложениях нереального сравнения; при этом глагол стоит сразу после союза als в форме конъюнктива II,
   переводится _как будто:_

   Sie tat so, **als** hätte sie nichts gehört. — Она сделала вид, **как будто** ничего не слышала.

4. при сравнении, при этом прилагательное или наречие стоят в сравнительной степени,
   переводится _чем:_

   Ich bin drei Jahre jünger **als** meine Schwester. — Я на три года моложе своей сестры / **чем** моя сестра.

5. в приложении для обозначения профессии, национальности и т.п., существительное стоит как правило без артикля,
   переводится _в качестве, как, являясь/будучи:_

als

Das gehörte nicht zu meinen Aufgaben **als** Ingenieur.	Это не относилось к моим обязанностям **в качестве** инженера.
Als Junge habe ich gern geschwommen.	**Будучи** юношей я очень любил плавать.

als ob – подчинительный союз,

переводится *как будто*;

Употребляется:

в придаточных предложениях нереального сравнения *(см. als п. 3)*, при этом глагол-сказуемое, в отличие от придаточных предложений с als, стоит в конце предложения в форме конъюнктива II:

Es wurde so dunkel, **als ob** es schon Nacht wäre.	Стало так темно, **как будто** была уже ночь.
Er fuhr so sicher, **als ob** er diese Strecke gut gekannt hätte.	Он ехал так уверенно, **как будто** уже хорошо знал этот участок пути.

am – слияние предлога an с артиклем dem *(см. an)*;

Употребляется:

при сравнении в превосходной степени; при этом прилагательные и наречия имеют окончание -en,
не переводится:

Dort oben ist die Aussicht **am** schönsten.	Там наверху вид **самый** красивый.
Unsere Sportler spielten **am** besten.	Наши спортсмены играли **лучше** всех.

an – предлог, требует на вопрос где? (wo?) дательного, а на вопрос куда? (wohin?) винительного падежа;

Употребляется:

1. для обозначения направления движения,
переводится *на, к*:

an

Im Sommer fahren wir **an** die Ostsee.	Летом мы поедем **на** Балтийское море.
Schreiben Sie das Wort **an** die Tafel.	Напишите (это) слово **на** доске.

2. для обозначения месторасположения (как правило, на вертикальной плоскости),
   переводится <u>на:</u>

An der Wand hing eine alte Uhr.	**На** стене висели старинные часы.
Er fährt nach Frankfurt **an** der Oder.	Он едет во Франкфурт **на** Одере.
An deiner Stelle würde ich ihn anrufen.	**На** твоём месте я бы ему позвонил.

3. для обозначения времени (дней недели, времени суток и т.п.) с дательным падежом,
   переводится <u>в:</u>

Am Morgen fahre ich nach Hamburg.	Утром я уезжаю в Гамбург.
Er ist **am** 16. Juli 1924 geboren.	Он родился 16-го июля 1924 года.
Am Ende soll ich folgendes sagen.	В конце я должен сказать следующее.

4. для выражения числа, всегда с винительным падежом (в значении меньше того, что указано),
   переводится <u>примерно, приблизительно:</u>

Das kostet **an** (die) tausend Mark.	Это стоит **примерно** 1000 марок.

5. в сочетании с предлогом vorbei (часто как элемент разделимого глагола), всегда с дательным падежом,
   переводится <u>мимо:</u>

Sie fuhren **an uns vorbei**, ohne zu halten.	Они проехали **мимо** нас, не останавливаясь.

6. в качестве управления глаголов (например: teilnehmen принимать участие, leiden страдать, sterben умирать и др.); перевод зависит от значения соответствующего глагола:

anhand

An der Kundgebung nahmen viele Menschen teil.	**В** митинге приняло участие очень много людей.
Ich kann mich **an** diesen Menschen nicht erinnern.	Я не могу вспомнить это**го** человека.

anhand – предлог, требует родительного падежа, переводится *с помощью*:

Der Text war nur **anhand** des Wörterbuches zu übersetzen.	Текст можно было перевести только **с помощью** словаря.

ans – слияние предлога an с артиклем das (см. an)

anstatt см. statt

auf – предлог, требует на вопрос где? (wo?) дательного, а на вопрос куда? (wohin?) винительного падежа;

Употребляется:

1. для обозначения направления движения, переводится *на*:

Er legte den Koffer **auf** den Rücksitz.	Он положил чемодан **на** заднее сиденье.
Alle liefen **auf** die Straße.	Все выбежали **на** улицу.

2. для обозначения месторасположения (как правило, на горизонтальной плоскости), переводится *на*:

Wir fahren **auf** der Autobahn nach Dresden.	Мы поедем **по** автостраде до Дрездена.

3. для обозначения времени, с винительным падежом, переводится *на*:

Ihr Geburtstag fiel **auf** einen Mittwoch.	Ее день рождения пришелся **на** среду.
Die Sitzung wurde **auf** eine unbestimmte Zeit vertagt.	Заседание было отложено **на** неопределенное время.
Er war Soldat **auf** Zeit.	Он был солдатом **по** контракту (сверхсрочно служащим)

aufgrund

4. в сочетании с другими предлогами, с винительным падежом:

auf ... zu

переводится к:

| Das Kind lief **auf** mich **zu**. | Ребенок подбежал **ко** мне. |

auf ... hin

переводится на, по:

| **Auf** seine Bitte hin haben wir nichts unternommen. | **По** его просьбе мы ничего не стали предпринимать. |

5. в устойчивых словосочетаниях:
   а) с винительным падежом:

auf jeden Fall   во всяком случае:

| **Auf** jeden Fall rufe ich dich an. | **Во всяком случае** я тебе позвоню. |

auf die Dauer   надолго, на продолжительное время:

| Sein Benehmen ist **auf** die Dauer nicht zu ertragen. | Его поведение нельзя **долго** переносить. |

auf Urlaub   (ехать) в отпуск

| Morgen fahre ich für eine Woche **auf** Urlaub. | Завтра я еду на неделю **в отпуск**. |

   б) с дательным падежом

auf der Reise   по пути, в пути

| Das habe ich **auf** der Reise erfahren. | Об этом я узнал в пути (во время поездки). |

auf deutsch/russisch/englisch   по-немецки/русски/английски

| Wie sagt man das **auf** deutsch? (= in deutscher Sprache) | Как сказать это **по-немецки**? |

aufgrund – предлог требует родительного падежа,

переводится на основании, в связи:

| **Aufgrund** seiner schweren Erkrankung mußte er auf Rente gehen. | **В связи** с тяжелым заболеванием он должен был уйти на пенсию. |

aufs

aufs – слияние предлога **auf** с артиклем **das** *(см. auf)*

aus – предлог, требует дательного падежа;

Употребляется:

1. для обозначения движения (откуда-либо),
   переводится *из*:

Ich lehnte mich **aus** dem Fenster.	Я высунулся **из** окна.

2. для обозначения пространственного или временного происхождения,
   переводится *с*:

Das Buch ist **aus** dem Russischen in viele Sprachen übersetzt.	Книга переведена **с** русского на многие языки.
Ihr Vater stammt **aus** Holland.	Ее отец родом (выходец) **из** Голландии.

3. для обозначения материала,
   переводится *из*:

Das Haus war **aus** Holz gebaut.	Дом был построен **из** дерева.

4. для обозначения отвлеченных понятий (без артикля),
   переводится *от, по*:

Das weiß ich **aus** Erfahrung.	Я это знаю **по** (своему) опыту.
Aus Angst konnte er kein Wort sagen.	**От** страха он не мог сказать ни слова.

außer – предлог, требует дательного падежа;

Употребляется:

1. для выражения ограничения,
   переводится *кроме*:

Außer Obst und Gemüse ißt er nichts.	**Кроме** овощей и фруктов он ничего не ест.
Außer mir waren noch zwei Studenten dabei.	**Кроме** меня были еще два студента.

2. в устойчивых словосочетаниях,
   переводится *вне*:

bei

außer Betrieb sein не функционировать, не действовать

| Der Automat ist **außer** Betrieb. | Автомат **не** работает. |

außer Gefahr (быть) вне опасности

| Der Kranke ist schon **außer** Gefahr. | Больной уже **вне** опасности. |

außer Zweifel/Frage (быть) вне сомнения

| **Außer** Zweifel/Frage hat er recht. | **Вне** сомнения он прав. |

außer sich (быть) вне себя

| Er war **außer** sich vor Freude. | Он был **вне** себя от радости. |

außerhalb – предлог, требует родительного падежа,

переводится вне;

Употребляется:

1. в пространственном значении:

| Unsere Familie wohnte **außerhalb** der Stadt. | Наша семья жила **за** городом. |

2. во временном значении:

| Sie können **außerhalb** der Sprechstunde kommen. | Вы можете прийти **не в** приемные часы (**вне** часов приема). |

bald..., bald... – парный союз,

переводится то..., то...:

| **Bald** saß er zu Hause, **bald** bummelte er durch die Stadt. | Он **то** сидел дома, **то** бродил по городу. |

bei – предлог требует дательного падежа,

переводится у, при;

bei

Употребляется:

1. для обозначения места (вблизи чего-либо):

| Biegen Sie **bei** der Brücke links ab. | Сверните **у** моста налево. |

2. для обозначения местонахождения:

| Sie wohnt **bei** den Eltern. | Она живет **у** родителей. |

3. для обозначения процесса, выраженного, как правило, субстантивированным существительным:

| **Beim** Lesen machte er sich Notizen. | **Во время** / **При** чтении он делал себе пометки. |
| Er stört mich **bei** der Arbeit. | Он мешает мне работать / **при** работе. |

4. для выражения абстрактных понятий:

| Meine Eltern sind **bei** guter Gesundheit. | Мои родители **в** добром здравии. |

5. для выражения сопутствующих обстоятельств:

| **Bei** Tageslicht sah die Stadt ganz anders aus. | **При** дневном свете город выглядел по-другому. |

6. в устойчивых словосочетаниях:

bei Tagesanbruch — на рассвете

| **Bei** Tagesanbruch machten wir uns auf den Weg. | **На** рассвете мы отправились в путь. |

bei Nacht und Nebel — под покровом темноты, тайно

| Er ging **bei** Nacht und Nebel über die Grenze. | Он **тайно** перешел через границу. |

bie Strafe — под угрозой штрафа

| Das Füttern der Tiere ist **bei** Strafe verboten. | **За** кормление животных штраф. |

beim Wort nehmen — ловить на слове

| Ich nehme dich **beim** Wort. | Я ловлю тебя **на** слове. |

bei guter Laune — в хорошем настроении

Mein Bruder hielt alle **bei** (guter) Laune. — Мой брат поддерживал у всех хорошее настроение.

beiderseits – предлог, требует родительного падежа, переводится *по обе стороны*:

Beiderseits des Weges standen alte Bäume. — **По обе стороны** дороги стояли старые деревья.

beim – слияние предлога bei с артиклем dem (см. *bei*)

besser – сравнительная степень прилагательного/наречия gut *хороший/хорошо*:

Er spielt Volleyball **besser** als ich. — Он играет в волейбол **лучше** меня.

bevor – подчинительный союз, вводит придаточные предложения времени, обозначающие действие, совершающееся после действия главного предложения; переводится *прежде чем*:

Er erledigte alles, **bevor** er verreiste. — Он все уладил, **прежде чем** уехать.

Bevor du bei der Firma anfängst, muß du vieles nachholen. — **Прежде чем** начать работать на фирме, тебе надо многое подогнать.

bin – форма I-го лица единственного числа глагола связки sein *быть, являться*, как правило, не переводится.

Ich **bin** hier seit einem Monat. — Я здесь уже месяц.

1. bis – предлог, требует винительного падежа, переводится *до*;

B

bis

Употребляется:

1. для выражения места или времени (без артикля):

| Ich kann **bis** nächsten Donnerstag warten. | Я могу продолжать **до** следующего четверга. |
| Können Sie mich **bis** Köln mitnehmen? | Вы можете подвести меня **до** Кёльна? |

2. для выражения цифрового обозначения:

| Von 8 **bis** 12 ist er immer im Büro. | С 8 **до** 12 он всегда в офисе. |

3. перед наречиями:

| Nun, dann **bis** bald! | Ну, тогда **до** скорого свидания! |

4. в сочетании с другим предлогом, который определяет падеж:

Kannst du mich **bis zur** Bibliothek begleiten?	Ты можешь проводить меня **до** библиотеки?
Die Vorstellung war **bis auf** den letzten Platz ausverkauft.	На сеанс не было **ни одного** свободного места.
Alle gingen von Bord **bis auf** den Kapitän.	Все покинули корабль **кроме** капитана.

2. bis – подчинительный союз, вводит придаточные предложения времени,
переводится *пока (не)*:

| **Bis** er kommt, haben wir die halbe Arbeit getan. | **Пока** он придёт, мы сделаем уже половину работы. |
| Ich bleibe zu Hause, **bis** er zurückkommt. | Я останусь дома, **пока** он не вернётся. |

da – подчинительный союз, вводящий придаточные предложения причины, которые стоят, как правило, на первом месте,
переводится *так как, потому что* (не следует смешивать с наречием da *тут, там, тогда*):

| **Da** es schon dunkel war, beschlossen wir, im Hotel zu übernachten. | **Так как** уже стемнело, мы решили переночевать в гостинице. |

da(r)

dank – предлог, требует дательного падежа;

употребляется для обозначения причины, имеющей положительный результат,

переводится *благодаря*:

Dank seinem Lebenswillen überstand er die Krankheit.	**Благодаря** своей воле к жизни он превозмог болезнь.
Dank dem Zuspruch des Staatsanwalts wurde das Verfahren eingestellt.	**Благодаря** вмешательству прокурора дело было прекращено.

da(r) – первый элемент указательного местоименного наречия, которое образуется из слияния da- с предлогом; если предлог начинается с гласного, то употребляется форма dar-,

переводится *(э)то* в соответствующем падеже в зависимости от перевода предлога/управления глагола в русском языке;

Употребляется:

1. вместо существительного с предлогом, обозначающего неодушевленный предмет:

Ich erinnere mich oft an unsere Reise.	Я часто вспоминаю наше путешествие.
Erinnern Sie sich auch **daran**?	Вы тоже вспоминаете **о нем**?
Sie warten bestimmt auf diese Fernsehsendung.	Вы конечно ждете эту телепередачу.
Ich warte auch **darauf**.	Я тоже жду **ее**.
Alle waren für meinen Vorschlag, nur der Meister war **dagegen**.	Все были за мое предложение, только мастер был **против него**.

2. как указатель на последующее придаточное предложение или инфинитивную группу:

Ich ärgere mich **darüber**, daß er mich bis jetzt nicht angerufen hat.	Я сержусь **на то**, что он до сих пор мне не позвонил.
Wir denken **daran**, an dieser Konferenz teilzunehmen.	Мы думаем **о том**, чтобы принять участие в этой конференции.

D

dabei

dabei см. *da(r)-*

dadurch см. *da(r)-*

dafür см. *da(r)-*

dagegen см. *da(r)-*

1. damit – указательное местоименное наречие (см. *da(r)-*)

2. damit – подчинительный союз, вводит придаточные предложения цели, употребляется вместо инфинитивного оборота um + zu + Infinitiv в тех случаях, когда в главном предложении и инфинитивной группе подразумеваются разные действующие лица (см. *um*, п. III), в отличие от русского языка глагол в немецком предложении стоит в настоящем времени,

переводится <u>чтобы</u>:

Kommen Sie in mein Büro, **damit** wir uns in Ruhe unterhalten können.	Приходите в мой офис, **чтобы** мы могли спокойно побеседовать.
Damit du mit der Arbeit beginnen kannst, muß **ich** bei einem Fachmann Rat holen.	**Чтобы ты** мог начать работу, **я** должен посоветоваться со специалистом.
<u>Ср.</u> **Um** mit der Arbeit zu beginnen, muß ich bei einem Fachmann Rat haben.	**Чтобы** начать работу, я должен посоветоваться со специалистом.

1. danach – указательное местоименное наречие (см. *da(r)-*).

2. danach – сочинительный союз, обозначает последовательность протекания действия, влияет на порядок слов в предложении (после него располагается глагол-сказуемое),

переводится <u>после этого, потом</u>:

Zuerst sollen Sie den Fragebogen ausfüllen, **danach** können Sie gehen.	Сначала вы должны заполнить анкету, **после этого / потом** можете идти.

darunter

dann – сочинительный союз, обозначает время протекания действия, влияет на порядок слов в предложении (после него располагается глагол-сказуемое),

переводится *потом, затем;* часто в первом предложении стоит наречие zuerst сначала:

| Er war zuerst etwas aufgeregt, **dann** beruhigte er sich. | Он был сначала немного взволнован, **потом/затем** успокоился. |

daran см. *da(r)-*

darauf см. *da(r)-*

daraus см. *da(r)-*

darf – форма 1-го и 3-го лица единственного числа модального глагола dürfen мочь, сметь, иметь разрешение (см. dürfen)

| **Darf** ich das Fenster öffnen? | **Можно** открыть окно? |
| Der Kranke **darf** nicht aufstehen. | Больному не **разрешают** вставать. |

darin см. *da(r)-*

darüber см. *da(r)-*

1. darum – указательное местоименное наречие (см. *da(r)-*)

2. darum – сочинительный союз, указывает на следствие, причина которого указана в первом предложении;

переводится *поэтому:*

| Ich war krank, **darum** konnte ich nicht mitfahren. | Я был болен, **поэтому** не мог поехать вместе со всеми. |

darunter см. *da(r)-*

das

1. das – **определенный артикль** среднего рода, единственного числа именительного и винительного падежа,

не переводится:

Das Land ist sehr groß.	Страна очень большая.

2. das – **указательное местоимение** среднего рода, единственного числа именительного и винительного падежа,

переводится *этот, тот, он/она/оно/*:

Das ist aber eine Überraschung!	Вот **это** сюрприз!
Kennen Sie das Buch? - Nein, ich kenne **das** nicht.	Вы знаете книгу? – Нет, я **ее** не знаю.
Er ist seit Dezember arbeitslos. – **Das** ist sehr unangenehm.	Он с декабря безработный. – **Это** очень неприятно.

3. das – **относительное местоимение** среднего рода единственного числа, именительного и винительного падежа, вводит придаточные определительные предложения,

переводится *который, которая, которое* в зависимости от рода соответствующего русского существительного:

Das Gebäude, **das** Sie sehen, ist Filiale unserer Firma.	Здание, **которое** вы видите, (это) филиал нашей фирмы.
Das Stück, **das** wir gesehen haben, war nicht sonderlich interessant.	Пьеса, **которую** мы смотрели, была не особенно интересной.

dasjenige – **указательное местоимение** среднего рода единственного числа; при склонении изменяется первая часть (das), а вторая (jenige) склоняется как прилагательное после определенного артикля:

Им.	*dasjenige*
Вин.	*dasjenige*
Дат.	*demjenigen*
Род.	*desjenigen*

dasselbe

Употребляется:

для обозначения лица или предмета, о котором более подробно говорится в последующем придаточном предложении,
переводится *тот, та, то*:

| Er wiederholte **dasjenige**, das er mir schon gesagt hat. | Он повторил **то**, что уже говорил мне (раньше). |

daß – подчинительный союз, вводит придаточные дополнительные (иногда придаточные подлежащие) предложения,

переводится *что, чтобы*; если предложение начинается с *daß*, то при переводе добавляется слово *то*:

Er betonte, **daß** er das nie gesagt hat.	Он подчеркнул, **что** он этого никогда не говорил.
Es ist fraglich, **daß** sie das gewußt haben.	Сомнительно, **что** они об этом знали.
Daß er kommt, wurde erst heute bekannt.	То, **что** он придёт, стало известно только сегодня.

dasselbe – указательное местоимение среднего рода единственного числа; при склонении изменяется первая часть (das), а вторая (selbe) склоняется как прилагательное после определённого артикля:

Им.	dasselbe
Вин.	dasselbe
Дат.	demselben
Род.	desselben

Употребляется:

для выражения лица или предмета, равного уже упомянутому ранее,
переводится *тот/та, то же самый, -ая, -ое*:

| Es ist jeden Tag **dasselbe**. | Каждый день (одно) **и то же**. |
| Das war **dasselbe** Auto, das ich gestern vor seinem Haus gesehen hatte. | Это была **та же (самая)** машина, которую я видел вчера перед его домом. |

D

davon

davon см. *da(r)-*

davor см. *da(r)-*

dazu см. *da(r)-*

dein – **притяжательное местоимение** 2-го лица единственного числа; склоняется в единственном числе как неопределенный артикль (ein), а во множественном числе как прилагательное без артикля:

| | Ед. число | | | Мн. число всех родов |
	Муж.р.	Ср.р.	Жен.р.	
Им.	dein	dein	deine	deine
Вин.	deinen	dein	deine	deine
Дат.	deinem	deinem	deiner	deinen
Род.	deines	deines	deiner	deiner

переводится *свой, твой*:

Wo ist **dein** Freund?
Du sollst **deine** Sachen in Ordnung bringen.

Где **твой** друг?
Ты должен привести в порядок **свои** вещи.

deiner – **притяжательное местоимение** 2-го лица единственного числа, имеет следующие окончания:

| | Ед. число | | | Мн. число всех родов |
	Муж.р.	Ср.р.	Жен.р.	
Им.	deiner	deins	deine	deine
Вин.	deinen	deins	deine	deine
Дат.	deinem	deinem	deiner	deinen
Род.	—	—	—	—

Употребляется:

как замена существительного,

denen

переводится *твой/твоя/твое;*

| Hier ist ein Wohnungsschlüssel. – Das ist doch **deiner**. | Вот ключ от квартиры. – Это же **твой**. |
| Das ist nicht mein Zimmer. Ist das **deins**? | Это не мой номер. Это **твой** (номер)? |

dem – определенный артикль единственного числа мужского и среднего рода, дательного падежа:

| Haben Sie mit **dem** Arzt telefoniert? | Вы позвонили врачу? |

1. den – определенный артикль единственного числа мужского рода винительного падежа:

| Wir können **den** Bus noch schaffen. | Мы еще сможем успеть на автобус. |

2. den – определенный артикль множественного числа всех трех родов дательного падежа:

| Er fährt oft mit **den** Freunden in die Berge. | Он часто ездит с друзьями в горы. |

1. denen – указательное местоимение множественного числа дательного падежа всех трех родов,

переводится *они:*

| Das sind meine Kollegen. Mit **denen** arbeite ich schon seit 10 Jahren zusammen. | Это мои коллеги. С **ними** я работаю вместе уже десять лет. |

2. denen – относительное местоимение множественного числа дательного падежа всех трех родов; вводит придаточные определительные предложения,

переводится *которые/которым:*

| Die Leute, **denen** du das erzählt hast, waren begeistert. | Люди, **которым** ты это рассказал, были в восторге. |

denn

denn – сочинительный союз, указывает на причину действия, выраженного в первом предложении; не влияет на порядок слов,

переводится *так как, потому что*:

| Ich konnte mit dem Chef nicht sprechen, **denn** er war nicht da. | Я не смог поговорить с начальником, **так как** его не было на месте. |

1. der – определенный артикль мужского рода единственного числа именительного падежа, стоит перед существительным, которое является подлежащим:

| **Der** Zug fährt in zwanzig Minuten ab. | Поезд отправляется через двадцать минут. |

2. der – определенный артикль женского рода единственного числа дательного и родительного падежа:

| Ich habe den Brief **der** Sekretärin übergeben. | Я передал письмо секретарю (женщине). |
| Hier ist die Telefonnummer **der** Krankenschwester. | Вот номер телефона медсестры. |

3. der – определенный артикль множественного числа родительного падежа всех трех родов:

| Die Arbeiten **der** Studenten werden jetzt geprüft. | Работы студентов сейчас проверяются. |

4. der – указательное местоимение мужского рода единственного числа именительного падежа,

переводится *этот, тот, он/она/оно*:

| Ich weiß nicht. Frag den Meister, **der** weiß Bescheid. | Я не знаю. Спроси мастера, **он/этот** (все) знает. |

deren

5. der – **указательное местоимение** женского рода единственного числа дательного падежа,

переводится: *этот, тот, он/она/оно*:

| Kennst du Karin? – Nein, mit **der** bin ich nicht bekannt. | Ты знаешь Карин? – Нет, я с **ней** не знаком. |

6. der – **относительное местоимение** мужского рода именительного падежа единственного числа, вводит придаточные определительные,

переводится *который*:

| Der Mann, **der** mit mir sprach, ist ein bekannter Chemiker. | Человек, **который** со мной беседовал, известный химик. |

7. der – **относительное местоимение** женского рода дательного падежа единственного числа, вводит придаточные определительные,

переводится *который*:

| Die Stadt, in **der** er früher gelebt hatte, war nicht wiederzuerkennen. | Город, в **котором** он раньше жил, нельзя было узнать. |

1. deren – **указательное местоимение** женского рода единственного числа родительного падежа,

переводится *её*:

| Meine Freundin und **deren** Eltern fahren morgen nach Berlin. | Моя подруга и **ее** родители уезжают завтра в Берлин. |

2. deren – **указательное местоимение** множественного числа родительного падежа всех трех родов;

переводится *их*:

| Sie erzählten uns von ihren Eltern und **deren** Lebensweg. | Они рассказали нам о своих родителях и **их** жизненном пути. |

deren

если указательное местоимение стоит перед придаточным предложением, то употребляется форма **derer**:

| Das war der Vorschlag **derer**, die fahren wollten. | Это было предложение **тех**, кто хотел ехать. |

3. deren – относительное местоимение множественного числа родительного падежа всех трех родов,

переводится *которых*:

| Die Kinder, **deren** Computer, kaputt ist, langweilen sich. | Дети, компьютер **которых** сломался, скучают. |

derjenige

derjenige – указательное местоимение мужского рода единственного числа; при склонении изменяется первая часть (der), а вторая (jenige) склоняется как прилагательное после определенного артикля; имеет следующие окончания:

Им.	derjenige
Вин.	denjenigen
Дат.	demjenigen
Род.	desjenigen

Употребляется:

для выражения лица или предмета, о котором более подробно говорится в последующем придаточном предложении,

переводится *тот/та/то*:

| Der Preis wird **demjenigen** verliehen, der als erster die Aufgabe gelöst hat. | Премия присуждается **тому**, кто первый решит задачу. |

derselbe

derselbe – указательное местоимение мужского рода единственного числа; при склонении изменяется первая часть (der), а вторая (selbe) склоняется как прилагательное после определенного артикля; имеет следующие окончания:

Им.	derselbe
Вин.	denselben

dessen

Дат.	demselben
Род.	desselben

Употребляется:

для выражения лица или предмета, которые были упомянуты ранее,

переводится *тот (самый)*:

Das war **derselbe** Arzt, der mich früher untersucht hatte.	Это был **тот** же (**самый**) врач, который меня раньше обследовал.

des – **определенный артикль** мужского и среднего рода единственного числа родительного падежа, употребляется при существительном, являющимся определением:

Die Geschwindigkeit **des** Wagens betrug 130 km/h.	Скорость (авто)машины составляла 130 км/ч.
Der Inhalt **des** Films kann mit ein paar Worten wiedergegeben werden.	Содержание фильма можно передать в нескольких словах.

deshalb – **сочинительный союз,** выражает следствие, причина которого указана в первом предложении, влияет на порядок слов,

переводится *поэтому*:

Meine Kinder kommen bald aus der Schule, **deshalb** muß ich jetzt gehen.	Мои дети скоро придут из школы, **поэтому** я должна сейчас уйти.

1. dessen – **указательное местоимение** мужского и среднего рода единственного числа родительного падежа,

переводится *его*:

Der Chef war nicht da, ich sprach nur mit **dessen** Stellvertreter.	Начальника не было, я говорил только с **его** заместителем.

dessen

2. dessen — **относительное местоимение** мужского и среднего рода родительного падежа единственного числа, вводит придаточные определительные предложения,

переводится *которого*:

Das Haus, **dessen** Bewohner sich noch retten konnten, brannte nieder.	Дом, жители **которого** смогли спастись, сгорел дотла.

deswegen — **сочинительный союз**, выражает следствие, причина которого указана в первом предложении, влияет на порядок слов,

переводится *поэтому*:

Meine Frau wurde krank, **deswegen** mußte ich meinen Urlaub abbrechen.	Моя жена заболела, **поэтому** я должен был прервать свой отпуск.

dich — **личное местоимение** du ты (см. *du*) в винительном падеже.

Ich habe **dich** doch gewarnt.	Я ведь **тебя** предупреждал.

1. die — **определенный артикль** женского рода единственного числа именительного и винительного падежа:

Die Nachricht kam ziemlich unerwartet.	Сообщение пришло довольно неожиданно.
Hast du **die** heutige Zeitung gelesen?	Ты читал сегодняшнюю газету.

2. die — **определенный артикль** именительного и винительного падежа множественного числа всех трех родов:

Die Busse fahren alle zehn Minuten.	Автобусы идут каждые десять минут.
Er hat **die** Briefe noch nicht beantwortet.	Он еще не ответил на письма.

diejenige

3. die – **относительное местоимение** женского рода именительного и винительного падежа единственного числа, вводит придаточные определительные предложения,

переводится *которая*:

Die Frau, **die** ich angerufen habe, ist meine alte Bekannte.	Женщина, **которой** я звонил, моя старая знакомая.
Die Stadt, **die** dir so gut gefällt, ist sehr alt.	Город, **который** тебе так нравится, очень старый.

4. die – **относительное местоимение** именительного и винительного падежа множественного числа всех трех родов; вводит придаточные определительные предложения,

переводится *которые*:

Die Hemden, **die** du gekauft hast, gefallen mir nicht.	Рубашки, **которые** ты купил, мне не нравятся.
Die Züge, **die** nach Berlin fahren, halten hier nicht.	Поезда, **которые** едут в Берлин, здесь не останавливаются.

5. die – **указательное местоимение** единственного числа женского рода именительного и винительного падежа,

переводится *та, он*:

Sie kennen die Regel noch nicht gut genug und müssen **die** wiederholen.	Вы усвоили правило недостаточно хорошо, и должны **его** повторить.

6. die – **указательное местоимение** множественного числа именительного и винительного падежа, всех трех родов,

переводится *они*:

Kennst du die neuen Kollegen? – Ja, ich kenne **die** gut.	Ты знаешь новых коллег? – Да, я **их** знаю хорошо.

diejenige – **указательное местоимение** женского рода единственного числа, при склонении изменяется первая часть (die), а вторая (jenige) склоняется как прилагательное после определенного артикля:

D

diejenige

Им.	diejenige
Вин.	diejenige
Дат.	derjenigen
Род.	derjenigen

Употребляется:

для выражения лица или предмета, о котором более подробно говорится в последующем придаточном предложении, **переводится** *та/тот/то*:

Es wird **diejenige** Bewerberin bevorzugt, die zwei Fremdsprachen beherrscht.	Предпочтение будет оказано **той** соискательнице, которая владеет двумя иностранными языками.

diejenigen – указательное местоимение всех родов множественного числа; при склонении изменяется первая часть (die), а вторая (jeniger) склоняется как прилагательное после определенного артикля:

Им.	diejenigen
Вин.	diejenigen
Дат.	denjenigen
Род.	derjenigen

Употребляется:

для выражения лиц или предметов, о которых более подробно говорится в последующем придаточном предложении, **переводится** *те*:

Diejenigen, die an der Reise teilnehmen wollen, sollen sich melden.	**Те**, кто хочет принять участие в поездке, должны записаться.

dieselbe – указательное местоимение женского рода единственного числа и всех родов множественного числа; при склонении изменяется первая часть (die), а вторая (selbe) склоняется как прилагательное после определенного артикля:

dieser

	Ед. число	Мн. число
Им.	dieselbe	dieselben
Вин.	dieselbe	dieselben
Дат.	derselben	denselben
Род.	derselben	derselben

Употребляется:

для выражения лица или предмета, уже упомянутых ранее, **переводится** *та (самая), те (самые):*

Wir sind beide auf **dieselbe** Schule gegangen.	Мы оба ходили в **ту** же (**самую**) школу.
Er erzählt immer **dieselben** Witze.	Он всегда рассказывает (одни и) **те** же анекдоты.

dieser, dieses, diese – указательное местоимение, обозначает уже известные лицо или предмет, имеет формы определенного артикля,

употребляется вместо него:

	Ед. число			Мн.ч. всех родов
	Муж.р.	Жен.р.	Ср.р.	
Им.	dieser	diese	dieses	diese
Вин.	diesen	diese	dieses	diese
Дат.	diesem	dieser	diesem	diesen
Род.	dieses	dieser	dieses	dieser

переводится *этот, эта, это, эти:*

Wir haben **diesen** Film noch nicht gesehen.	Мы еще не видели **этого** фильма.
Ich empfehle Ihnen **diese** Schreibmaschine, sie ist einfach und zuverlässig.	Я рекомендую вам **эту** пишущую машинку, она проста и надежна.
Die Zusammenarbeit **dieser** Firmen wird immer enger.	Сотрудничество **этих** фирм становится все более тесным.

diesseits

diesseits – предлог, требует родительного падежа,

переводится *по эту сторону*:

| Diesseits der Grenze gelten schon neue Ausweise. | **По эту сторону** границы действительны уже новые паспорта. |

D

1. doch – сочинительный союз, не влияет на порядок слов,

переводится *но, однако*:

| Die Lage war sehr ernst, **doch** der Kranke mußte operiert werden. | Положение было очень тяжелое, **однако**, больного надо было оперировать. |

2. doch – частица, употребляется при положительном ответе на вопрос, содержащий отрицание,

переводится *как же, нет*:

| Hast du keine Zeit? – **Doch**, ich habe Zeit. | У тебя нет времени? – **Как же**, есть (время). |
| **Ср.** Hast du keine Zeit? – Nein, ich habe keine Zeit. | У тебя есть время? – Нет, у меня нет времени. |

3. doch – усилительная частица,

переводится *ведь, же*; в ряде случаев не переводится:

Das ist **doch** klar!	Это **ведь** ясно!
Erzählen Sie **doch**!	Расскажите **же**!
Gewiß **doch**!	Конечно (**же**)!
Hilfst du mir **doch**?	Ты мне поможешь?

du – личное местоимение второго лица единственного числа,

имеет следующие окончания:

Им.	du
Вин.	dich
Дат.	dir
Род.	deiner

dürfen

переводится _ты:_

Was **du** heute kannst besorgen, das verschiebe nicht auf morgen.	Что можешь сделать сегодня, не откладывай на завтра. (погов.)
Es freut mich, **dich** zu sehen.	Рад **тебя** видеть.
Wie geht es **dir**?	Как **ты** поживаешь?

durch – предлог, требует винительного падежа;

Употребляется:

1. для выражения места действия,

   переводится _через, сквозь:_

Wir fuhren **durch** die ganze Stadt.	Мы ехали **через** весь город.

2. для выражения способа выполнения действия,

   переводится _благодаря, с помощью_ или _творительным падежом:_

Er hat das **durch** hartes Training erreicht.	Он достиг этого **благодаря упорной тренировке / упорной тренировкой**.

3. для выражения времени (в форме hindurch),

   переводится _сквозь, напролет:_

Sie feierten die ganze Nacht **hindurch**.	Они праздновали всю ночь **напролет**.

4. выражает средство или способ (иногда причину) в пассивных предложениях,

   переводится _творительным падежом:_

Wir waren **durch** diese Meldung sehr beunruhigt.	Мы были очень обеспокоены **этим сообщением**.
Die ganze Stadt wurde **durch** Bomben zerstört.	Весь город был разрушен **бомбами**.

durchs – слияние предлога durch с артиклем das (см. _durch_)

dürfen – модальный глагол, основные формы dürfen – durfte – gedurft.

dürfen

Как и все модальные глаголы имеет особенности спряжения:

	Презенс	Претерит	Конъюнктив I	Конъюнктив II
ich	darf	durfte	dürfe	dürfte
du	darfst	durftest	dürfest	dürftest
er	darf	durfte	dürfe	dürfte
wir	dürfen	durften	dürfen	dürften
ihr	dürft	durftet	dürfet	dürftet
sie, Sie	dürfen	durften	dürfen	dürften

переводится мочь, быть в праве, иметь разрешение;

Употребляется:

1. для выражения разрешения или права:

| Hier **dürfen** Sie alles tun, was Sie wollen. | Здесь вы **можете** делать все, что хотите. |

2. для выражения запрещения:

| Hier **darf** man **nicht** parken. | Здесь **нельзя** ставить машину на стоянку (парковаться). |

3. для выражения возможности в вопросе, так же как и können (см. können)

| **Darf** / Kann ich Herrn Meier sprechen? | **Можно** поговорить с господином Майером? |

4. в вежливом вопросе (в форме конъюнктива II):

| **Dürfte** ich mal Ihr Telefon benutzen? | **Можно** воспользоваться вашим телефоном? |

5. для выражения предположения (в форме конъюнктива II)

Das **dürfte** wohl stimmen.	Это, **по-видимому**, так.
Sie **dürfte** jetzt etwa 60 Jahre alt sein.	Ей сейчас, **наверное**, около шестидесяти лет.
Sie **dürften** zu spät gekommen sein.	Они, **по-видимому**, опоздали.

ehe – подчинительный союз,

вводит придаточные предложения времени, выражает так же, как и союз bevor *(см.)* действие, совершающееся после действия главного предложения,

ehe

переводится *прежде чем, раньше чем, пока не*:

| Wir sollen aufbrechen, **ehe** es dunkel wird. | Нам нужно отправляться, **пока не** стемнеет. |
| Der Journalist hat lange recherchiert, **ehe** er mit dem Politiker sprechen konnte. | Журналист долго собирал материал, **прежде чем** он смог провести беседу с политиком. |

ein – неопределенный артикль единственного числа именительного падежа мужского рода и именительного и винительного падежа среднего рода; формы склонения:

	Ед. число			Мн. число
	Муж.р.	Ср.р.	Жен.р.	
Им.	ein	ein	eine	во множественном числе отсутствует
Вин.	einen	ein	eine	
Дат.	einem	einem	einer	
Род.	eines	eines	einer	

Употребляется:

1. если лицо или предмет неизвестны или являются одним из многих в своем роде;

   переводится часто *один, какой-то*:

| Er arbeitet bei **einer** Firma. | Он работает на фирме (**одной**, какой-то). |
| Ich brauche **ein** gutes Wörterbuch. | Мне нужен хороший словарь (какой-то, один из). |

2. если в рассказе или небольшом сообщении лицо или предмет называется впервые, далее употребляется определенный артикль:

| Er hat **ein** Buch geschrieben. **Das** Buch hatte einen großen Erfolg. | Он написал книгу. Книга имела большой успех. |

3. только в единственном числе, во множественном числе артикль отсутствует:

| Er hat sich **eine** Videocassette gekauft. | Он купил себе видеокассету. |

einer

| Er kauft oft Videocassetten. | Он часто покупает видеокассеты. |

При отрицании предложения или существительного с неопределенным артиклем употребляется отрицание kein *(см. kein).*

einer – неопределенное местоимение, употребляется как замена существительного только в единственном числе – во множественном часто заменяется местоимением welch-; формы склонения:

	Ед. число			Мн. число всех родов
	Муж.р.	Жен.р.	Ср.р.	
Им.	einer	eine	eins	(welche)
Вин.	einen	eine	eins	(welche)
Дат.	einem	einer	einem	(welchen)
Род.	–	–	–	–

переводится кто-то, кто-нибудь, что-то, что-нибудь, один из;

Употребляется:

1. для выражения одного лица или одного предмета из многих:

Da standen zwei junge Männer. **Einer** bot der Frau seinen Platz an.	Там стояло два молодых человека. **Один** из них уступил женщине место.
Wie gefällt Ihnen mein Auto? – So **eins** möchte ich auch haben.	Как вам нравиться моя машина? – **Такую** я бы тоже охотно имел.
Viele Fahrer hielten. **Einer** holte die Polizei.	Многие водители остановились. **Кто-то** вызвал полицию.
Einer der Studenten/von den Studenten hob die Hand.	**Один** из студентов поднял руку.

2. при замене местоимения man в косвенных падежах:

| Man kommt hierher jeden Sommer. Es gefällt **einem** hier sehr gut. | Сюда приезжают каждое лето. Здесь **всем** очень нравится. |

einer

3. при отрицании заменяется словом **kein-**

| Wir suchten einen Dolmetscher, konnten aber **keinen** finden. | Мы искали переводчика, но **никого** не нашли. |

4. во множественном числе часто заменяется словом **welch-**

| Ich brauche einen Gebrauchtwagen. Wo kann man **welche** kaufen? | Мне нужна подержанная машина. Где можно **такие** купить? |

einige – неопределенное местоимение множественного числа, формы склонения:

Им.	einige
Вин.	einige
Дат.	einigen
Род.	einiger

После местоимения einige прилагательные имеют окончание -е:

| Er hat **einige** interessante Geschichten erzählt. | Он рассказал некоторые интересные истории. |

переводится *некоторые, немногие, кое-какие:*

| **Einige** Fenster waren hell beleuchtet. | **Некоторые** окна были ярко освещены. |
| Nach der Vorstellung blieben **einige** im Zuschauerraum. | После сеанса **некоторые** остались в зале. |

Местоимение einige употребляется также и в единственном числе в отдельных оборотах:

vor einiger Zeit	некоторое время тому назад
mit einigem Erfolg	с некоторым успехом
in einiger Entfernung	на некотором расстоянии
noch einige Hoffnung haben	иметь еще некоторую надежду

einiges – неопределенное местоимение единственного числа, формы склонения:

Им.	einiges
Вин.	einiges

einiges

Дат.	einigem
Род.	–

переводится _кое-что_:

Es war noch **einiges** zu besprechen.	**Кое-что** надо было еще обсудить.
Mit **einigem** bin ich unzufrieden.	**Кое-чем** я не доволен.
Er erzählte **einiges**, was wir nicht gewußt hatten.	Он рассказал нам **кое-что**, чего мы не знали.

E

1. eins – неопределенное местоимение (см. einer)

2. eins – количественное числительное

переводится _один, раз (при счете)_;

Употребляется:

1. при совпадении с формой неопределенного артикля стоит под ударением:

Ich kenne nur **einen** Ausweg.	Я знаю только **один** выход.

2. самостоятельно имеет окончания определенного артикля:

Nur **eins** konnte uns helfen.	Только **одно** нам могло помочь.

3. при счете, если числительное стоит одно или в конце сложного числительного:

eins, zwei, drei	**раз**, два, три
zweihundert**eins**	двести **один**

4. при постановке числительного перед десятками или при обозначении времени заменяется формой ein:

einundzwanzig	двадцать **один**
Ich komme um **ein** Uhr.	Я приду в час.
Но: Ich komme um **eins**.	

entgegen – предлог, требует дательного падежа, может стоять как перед существительным, к которому относится, так и после него,

переводится _напротив, вопреки_:

entweder

Entgegen meinen Erwartungen hat unsere Mannschaft das Spiel verloren.	Вопреки моим ожиданиям наша команда проиграла игру.
Dem Beschluß der Konferenz **entgegen** wurden keine Maßnahmen getroffen.	**Вопреки** решению конференции не было принято никаких мер.

Глаголы движения употребляются с entgegen в качестве отделяемого элемента:

Das Mädchen lief dem Bruder **entgegen**.	Девочка побежала **навстречу** брату.

entlang – предлог, может стоять как перед существительным, к которому относится, так и после него:

переводится ВДОЛЬ;

Употребляется:

1. для выражения движения по определенному пути; стоит после существительного с винительным падежом:

Das Auto fuhr die Straße **entlang**.	Машина ехала **вдоль** улицы / по улице.

2. при постановке перед существительным с родительным падежом:

Entlang des Flusses lagen einzelne Dörfer.	**Вдоль** реки находились отдельные деревни.

3. в сочетании с предлогом an с дательным падежом существительного:

Am Weg **entlang** wuchsen alte Bäume.	**Вдоль** дороги росли старые деревья.

entweder ... oder – парный союз,

переводится ИЛИ ... ИЛИ, ЛИБО ... ЛИБО;

Употребляется:

1. для соединения однородных членов предложения (в этом случае запятая отсутствует):

er

| Sprechen Sie **entweder** mit dem Ingenieur **oder** mit dem Direcktor. | Поговорите **или** с инженером **или** с директором. |

2. для соединения самостоятельных предложений (в сложносочиненном предложении), при этом после союза oder употребляется прямой порядок слов, т.е. ставится подлежащее:

| **Etweder** kommt sie/sie kommt noch heute, **oder** sie kommt überhaupt nicht. | **Или** она приедет сегодня, **или** вообще не приедет. |

E

er – личное местоимение третьего лица единственного числа мужского рода, формы склонения:

Им.	er
Вин.	ihn
Дат.	ihm
Род.	seiner (употребляется редко)

Употребляется:

для выражения лица или предмета, упомянутого ранее, **переводится** <u>он/она/оно</u> (в зависимости от рода соответствующего русского существительного):

| Der Film ist interessant. **Er** läuft heute in unserem Klub. | Картина интересная. **Она** идет сегодня в нашем клубе. |
| Das ist mein Freund. Ich kenne **ihn** seit meiner Kindheit. | Это мой друг. Я знаю **его** с детства. |

erste(der) – порядковое числительное от количественного числительного eins, образовано не по правилам; склоняется как прилагательное;

Употребляется:

всегда с определенным артиклем, при написании цифрами ставится точка (der 1.),

переводится *первый, -ая, -ое, -ые:*

| Der **Erste** (Der 1.) Mai ist ein Feiertag. | **Первое** мая – праздничный день. |

es

Peter I. (= Peter der **Erste**) hat viele Reformen durchgeführt.	Петр I провел много реформ.
Die Ferien beginnen am 1. (**ersten**) Juli.	Каникулы начинаются **первого** июля.

Если в предшествующем тексте упоминаются два лица или предмета одинакового рода, то для большей ясности употребляют форму erstere:

Der Vater und der Sohn spielten gern Schach. Der **erstere** verlor sehr oft.	Отец и сын любили играть в шахматы. **Первый** часто проигрывал.

1. es – личное местоимение третьего лица единственного числа среднего рода, формы склонения:

> Им. es
> Вин. es
> Дат. ihm
> Род. seiner (употребляется редко)

Употребляется:

для выражения лица или предмета, упомянутого ранее:
переводится оно/он/она в зависимости от рода соответствующего русского существительного:

Das Kind ist erst drei Jahre alt. **Es** geht in den Kindergarten.	Ребенку только три года. **Он** ходит в детский сад.
Ich gehe jede Woche ins Sportzentrum. **Es** liegt nicht weit von meinem Haus.	Я хожу каждую неделю в спортцентр. **Он** расположен недалеко от моего дома.

2. es – указательное местоимение единственного числа, является всегда в предложении подлежащим,

переводится это:

Was hast du da? – **Es** ist eine neue Videocassette.	Что там у тебя? – **Это** новая видеокассета.

es

3. es – вводное слово, стоящее в начале предложения; глагол согласуется не с es, а с подлежащим; не переводится (как в активных, так и в пассивных предложениях):

Es passieren oft sonderbare Fälle.	Часто происходят странные случаи.
Es hat niemand angerufen.	Никто не (по)звонил.
Es ist fünf Uhr.	Пять часов.
Es wurde gestern viel diskutiert.	Вчера много спорили.

4. es – коррелят (соотносительный член), указывающий на следующее придаточное предложение или инфинитивную группу,
не переводится:

Es ist schön, den Urlaub am Meer zu verbringen.	Хорошо провести отпуск у моря.
Es ist kaum möglich, daß er den letzten Zug noch schafft.	Вряд ли возможно, чтобы он успел на последний поезд.

5. es – безличное местоимение,

Употребляется:

с безличными глаголами, а также в некоторых оборотах речи,
не переводится:

Es regnet.	Идет дождь.
Es ist schon spät.	Уже поздно.
Es wird wärmer.	Становится теплее.
*Wie geht **es** Ihnen? – **Es** geht mir gut.*	Как вы поживаете? – Хорошо.
*In unserer Stadt gibt **es** viele Sehenswürdigkeiten.*	В нашем городе много достопримечательностей.

euer – притяжательное местоимение 2-го лица множественного числа; склоняется в единственном числе как неопределенный артикль (ein), а во множественном числе как прилагательное без артикля:

für

	Ед. число			Мн. число всех родов
	Муж.р.	Жен.р.	Ср.р.	
Им.	euer	eure	euer	eure
Вин.	euren	eure	euer	eure
Дат.	eurem	eurer	eurem	euren
Род.	eures	eurer	eures	eurer

переводится *ваш* (в отношении лиц, с каждым из которых говорят на ты), ***свой*:**

Seid ihr mit **eurer** Wohnung zufrieden?	Вы довольны **своей** квартирой?
Wie geht es **euren** Kindern?	Как поживают **ваши** дети?
Die Frau **eures** Bruders kenne ich nicht.	Жену **вашего** брата я не знаю.

für – предлог, требует винительного падежа;

Употребляется:

1. для выражения адресата или помощи другому,
   переводится *для*:

| Hier ist ein Brief **für** den Abteilungsleiter. | Вот письмо **для** начальника отдела. |

2. для выражения замещения (вместо другого лица),
   переводится *за*:

| Ich habe das Mittagessen **für** alle bezahlt. | Я заплатил за обед **за** всех. |

3. для выражения определенного отрезка времени,
   переводится *на*:

| Ich brauche ein Zimmer **für** zwei Tage/eine Nacht. | Мне нужен номер **на** двое суток/одну ночь. |

4. для сравнения,
   переводится *для*:

| **Für** seine 60 Jahre sieht er noch recht gut aus. | **Для** своих шестидесяти лет он выглядит еще очень бодрым. |

für

5. для выражения цены или стоимости,
   переводится *за:*

Er hat den Wagen **für** DM 20 000 gekauft.	Он купил машину **за** 20000 марок.

6. для усиления (при повторении одного и того же слова),
   переводится *за:*

Jahr **für** Jahr fuhr er im Sommer nach Spanien.	Год **за** годом он ездил летом в Испанию.

fürs – слияние предлога **für** с артиклем das *(см. für)*

gegen – предлог, требует винительного падежа;
   Употребляется:

1. для выражения движения в определенном направлении,
   переводится *на:*

Vor Überraschung bin ich **gegen** einen Baum gefahren.	От неожиданности я наехал **на** дерево.

2. для выражения примерного времени или числа (меньшего чем предполагалось),
   переводится *около, примерно:*

Er kam **gegen** 8 Uhr.	Он пришел **около** 8 часов.

3. для выражения отрицания или отрицательного отношения,
   переводится *против:*

Er kämpfte immer **gegen** Atomversuche.	Он всегда боролся **против** атомных испытаний.

4. при сравнении или обмене,
   переводится *на:*

Tausche Rundfunkgerät **gegen** Cassettenrekorder.	Меняю радиоприемник **на** кассетный магнитофон.

gegenüber – предлог, требует дательного падежа, может стоять как перед, так и после существительного, к которому относится,

geworden

переводится *напротив, по отношению к кому-либо*;

Употребляется:

1. для обозначения места:

| Dieses Geschäft liegt **gegenüber** der Post / der Post **gegenüber**. | Этот магазин находится **напротив** почты. |

2. для обозначения лиц или предметов (всегда после существительного):

| Mir **gegenüber** war er immer sehr nett. | **По отношению ко** мне он был всегда любезен. |

gern – наречие, имеет неправильное образование степеней сравнения:

gern – lieber – am liebsten;

переводится *охотно;* в сочетании с глаголами переводится *любить* (что-либо делать):

| Er raucht **gern**. | Он **любит** курить. |
| Du willst in die Diskothek gehen, und ich gehe **lieber** ins Kino. | Ты хочешь пойти в дискотеку, а я **лучше** пойду в кино. |

gewollt – причастие II от модального глагола wollen (хотеть); употребляется только при самостоятельном использовании модального глагола в перфекте или плюсквамперфекте:

| Du hast es doch selbst **gewollt**. | Ты ведь сам этого **хотел**. |

При употреблении модального глагола с другим инфинитивом употребляется неопределенная форма wollen:

| Ich habe dich nicht **kränken wollen**. | Я не **хотел** тебя **обидеть**. |

geworden – причастие II от глагола werden (становиться), употребляется только при самостоятельном использовании глагола в перфекте или плюсквамперфекте:

| Mein Sohn ist Journalist **geworden**. | Мой сын **стал** журналистом. |
| Es ist ganz dunkel **geworden**. | **Стало** совсем темно. |

G.

geworden

при употреблении werden в качестве вспомогательного глагола (в пассиве) употребляется форма worden:

Die Angaben sind noch nicht **veröffentlicht worden**.	Данные еще не **опубликованы**.

gleiche (der, das, die) – прилагательное

в отличие от derselbe (см.) употребляется для обозначения лица или предмета, похожего на названный ранее, но не того же самого,

переводится *такой/такая/такое*:

Er hat die **gleiche** Wohnung wie ich.	У него **такая** же квартира как и у меня (но: не та же самая).

gut – прилагательное/наречие

имеет неправильное образование степеней сравнения:

gut – besser – am besten

переводится *хороший, хорошо*:

Es ist **besser**, wenn Sie fliegen.	**Лучше**, если вы (туда) полетите.
Das war die **beste** Lösung.	Это было **самое лучшее** решение.

haben – глагол

основные формы:

haben – hatte – gehabt

имеет особенности спряжения:

Ед. число		Мн. число	
ich	habe	wir	haben
du	hast	ihr	habt
er, sie	hat	sie, Sie	haben

Употребляется:

1. как самостоятельный глагол; является переходным глаголом, дополнение стоит, как правило, с неопределенным артиклем; переводится *иметь*:

haben

| Ich habe einen neuen Videorecorder. | У меня новый видеомагнитофон. |
| Ich habe Durst. | Я хочу пить (у меня жажда). |

Запомните: немецкому выражению ich habe/er hat... соответствует русское у меня/него есть...

2. как вспомогательный глагол для образования перфекта и в этом случае не переводится; с глаголом haben перфект образуют:

а. все переходные глаголы (например: schreiben, machen, lesen, bekommen, vergessen и др.):

| Er hat die Vokabeln gut gelernt. | Он хорошо выучил слова. |

б. все возвратные глаголы (глаголы с местоимением sich):

| Ich habe mich sehr geärgert. | Я очень рассердился. |

в. все модальные глаголы (können, müssen, dürfen и др.), при этом модальный глагол стоит не в партицип II, а в инфинитиве:

| Ich habe das nicht machen können. | Я не смог этого сделать. |

г. многие непереходные глаголы, не обозначающие изменения состояния или передвижения (например: danken, glauben, gefallen, schlafen, liegen, arbeiten, leben и др.):

| Der Film hat mir sehr gut gefallen. | Фильм мне очень понравился. |

д. непереходные глаголы, обозначающие начало или конец действия (например: beginnen, enden, aufhören):

| Der Regen hat aufgehört. | Дождь перестал. |

е. глагол haben:

| Er hat nicht viel Zeit gehabt. | У него не было много времени. |

3. как вспомогательный глагол для образования плюсквамперфекта, при этом глагол haben стоит в форме претерита:

Ед. число		Мн. число	
ich	hatte	wir	hatten
du	hattest	ihr	hattet
er, sie	hatte	sie, Sie	hatten

haben

в этом случае он не переводится; употребление см. п.2:

| Nachdem wir die Arbeit **begonnen hatten**, wurde es klar, daß wir Hilfe brauchen. | После того как мы **начали** работу, стало ясно, что нам нужна помощь. |

4. в конструкции haben + zu + Infinitiv, которая имеет значение необходимости, долженствования и соответствует модальному глаголу müssen/sollen с соответствующим инфинитивом, при этом глагол haben может стоять как в презенсе, так и в претерите,

переводится ДОЛЖЕНСТВОВАТЬ, БЫТЬ НЕОБХОДИМЫМ:

| Du **hattest** diese Regel besonders zu **beachten**. | Ты **должен был** особенно **соблюдать** это правило. |

5. в оборотах:

er hat (et)was mit ihr	у него с ней что-то есть
etw. ist zu haben	имеется (в продаже)
j-m ist für etw. nicht zu haben	к.-л. не охотник до ч.-л.
da haben wir's!	так оно и есть!
na, wie haben wir's?	как дела?
das hat etwas auf sich	это что-нибудь да значит
damit hat sich's	на том и конец
es eilig haben	спешить, торопиться

hat – форма 3-го лица единственного числа глагола haben (см.)

habe – форма 1-го и 3-го лица единственного числа сослагательного наклонения глагола haben (см.);

употребляется в косвенной речи, как правило, не переводится; в остальных лицах и во множественном числе заменяется формой hätte(n):

| Er sagte, er **habe** das nicht **bemerkt**. | Он сказал, что он этого не **заметил**. |
| Ich meine, er **habe** genug Zeit/Zeit genug. | Я считаю, что **у него** достаточно времени. |

halb – числительное дробное, склоняется как прилагательное,

переводится ПОЛ-, ПОЛОВИНА.

hätte

Употребляется:

1. при обозначении времени на часах:

| Es ist **halb** zwölf (Uhr). | (Сейчас) **половина** двенадцатого. |

2. при обозначении меры:

| Ich möchte ein **halbes** Pfund Wurst. | Мне 250 гр. колбасы. |

3. в сложных числительных полтора eineinhalb/anderthalb, три/четыре с половиной dreieinhalb и др.:

после eineinhalb/anderthalb существительное стоит во множественном числе:

| Wir mußten **eineinhalb/anderthalb** Stunden warten. | Мы должны были ждать **полтора** часа. |
| Das Dorf liegt **dreieinhalb** Kilometer von hier. | Деревня расположена в **трех с половиной** километрах отсюда. |

hätte(n) – форма сослагательного наклонения глагола haben;

формы спряжения:

Ед. число		Мн. число	
ich	hätte	wir	hätten
du	hättest	ihr	hättet
er, sie	hätte	sie, Sie	hätten

Употребляется:

1. как самостоятельный глагол в предложениях нереального желания или условия (настоящее или будущее время):

| Wenn ich mehr Zeit **hätte**! | Если **бы у меня было** больше времени! |
| Wenn ich mehr Zeit **hätte**, käme ich zu ihm. | Если **бы у меня было** больше времени, я бы пришел к нему. |

2. как вспомогательный глагол для образования плюсквамперфекта в предложениях нереального желания или условия (прошедшее время):

hätte

Wenn du mir das früher **gesagt hättest**!	Если **бы** ты **сказал** мне это раньше!
Wenn du es mir früher **gesagt hättest**, **hätten** wir das anders machen **können**.	Если **бы** ты **сказал** мне это раньше, мы **могли бы** сделать это по-другому.

В придаточных нереального условия союз может отсутствовать; в этом случае глагол стоит на первом месте:

Hättest du es mir früher **gesagt**, **hätten** wir das anders machen **können**.	Если **бы** ты **сказал** мне это раньше, мы **могли бы** сделать это по-другому.

her – наречие, обозначает движение (в направлении к говорящему),

переводится *сюда*; часто является составным элементом сложных наречий (например: herauf сюда (наверх), а также отделяемым элементом разделимых глаголов (например: herbringen приносить/приводить/привозить (сюда):

Kommen Sie **her**!	Идите **сюда**!
Ich rief den jungen Mann **her**, der am Eingang stand.	Я **подозвал** молодого человека, который стоял у входа.

herauf – наречие,

переводится *вверх, наверх* (см. her)

herein – наречие, а также отделяемый элемент глагола, обозначает движение к говорящему,

переводится *в*:

(Kommen Sie) **herein**!	Входите!

herüber – наречие, отделяемый элемент глагола в значении приближения к говорящему через что-либо,

переводится *сюда* (на эту сторону):

In einigen Minuten schwamm er über den Fluß **herüber**	За несколько минут он переплыл через реку (**к нам**).

hinaus

herunter – наречие, отделяемый элемент глагола, обозначает движение сверху вниз к говорящему,

переводится *вниз:*

| Nach zwei Stunden stiegen die beiden **herunter**. | Через два часа оба спустились **вниз** (к нам). |

heute – наречие, при употреблении в выражениях *сегодня вечером/утром* и т.п. существительное *вечер, утро* и т.д. пишется с маленькой буквы,

переводится *сегодня:*

| Wir treffen uns **heute** abend beim Training. | Мы встретимся **сегодня** вечером на тренировке. |

hierher – наречие,

переводится *сюда:*

| Ich habe den Text nur bis **hierher** übersetzt. | Я перевел текст только до**сюда**. |
| Wie kommst du **hierher**? | Как тебя **сюда** привело? |

hin – наречие, обозначает направление движения от говорящего *(ср. her)*; часто является составным элементом сложных наречий (например: hinaus, hinüber), а также отделяемым элементом разделимых глаголов (например: hinauswerfen выбрасывать):

| Ich habe alle alten Zeitungen **hinaus**geworfen. | Я **выбросил** все старые газеты. |

hinauf – наречие,

переводится *вверх, наверх* (от говорящего) *(см. hin)*

hinaus – наречие, отделяемый элемент глагола, обозначает движение наружу от говорящего,

переводится *наружу:*

hinaus

Alle liefen auf die Straße **hinaus**. — Все выбежали **на** улицу.
Wo willst du **hinaus**? — **Куда** ты клонишь?

hinein – наречие, отделяемый элемент глагола обозначает движение внутрь (от говорящего),

переводится <u>в:</u>

Die Gäste gingen in das Haus **hinein**. — Гости вошли **в** дом.

hingegen – наречие/союз, выражает противопоставление,

переводится <u>напротив, наоборот, а, зато:</u>

Gestern war es recht warm, heute **hingegen** ziemlich kühl. — Вчера было довольно тепло, **а** сегодня/сегодня **напротив** прохладно.

hinter – предлог, требует на вопрос где? (wo?) дательного, а на вопрос куда? (wohin?) винительного падежа,

переводится <u>за, позади;</u>

Употребляется:

1. для выражения направления движения (на вопрос куда?):

Ich stellte den Aktenkoffer **hinter** den Sessel. — Я поставил дипломат **за** кресло.

2. для выражения места расположения (на вопрос где?):

Mein Fahrrad steht **hinter** der Balkontür. — Мой велосипед стоит **за** балконной дверью.

3. для выражения поддержки:

Alle Kollegen stehen **hinter** ihm. — Его поддерживают все коллеги.

4. в сочетании с другими предлогами:

Der Mann trat **hinter** dem Baum hervor. — Человек вышел **из-за** дерева.
Bald blieben wir **hinter** der Gruppe zurück. — Вскоре мы отстали **от** группы.

hoch

5. в оборотах:

j-n hinters Licht führen	обвести кого-либо вокруг пальца, провести
In dieser Sache haben wir ihn hinters Licht geführt.	*В этом деле мы обвели его вокруг пальца.*
hinter dem Mond sein/leben	с луны свалиться, быть не от мира сего
Wieso weiß du das nicht? Lebst du hinter dem Mond?	*Как ты этого не знаешь? Ты что, с луны свалился?*
hinter sich bringen	завершить, закончить
Erst wenn ich die Arbeit hinter mir gebracht habe, atme ich auf.	*Только когда я завершу работу, я вздохну спокойно.*
alle Brücken hinter sich abbrechen	сжечь все мосты
Ich habe dort alle Brücken hinter mir abgebrochen und muß nun neu anfangen.	*Я там сжег все мосты и должен начинать теперь все с начала.*
etw. hinter sich haben	пережить, перенести что-либо
Das Schlimmste hat sie nun hinter sich.	*Самое плохое у нее позади.*

hinterher – наречие,

переводится *позади, сзади, следом*, а также во временном значении *потом, затем, позднее*:

Der Wagen raste davon, die Polizei hinterher.	*Машина бешенно мчалась, полиция за ней / следом.*
Hinterher hat er das sehr bereut.	*Он потом раскаивался в этом.*

hinterm – слияние предлога hinter с артиклем dem (см. *hinter*)

hinters – слияние предлога hinter с артиклем das (см. *hinter*)

hoch – прилагательное/наречие, имеет неправильные формы образования степеней сравнения:

hoch – höher – am höchsten;

hoch

переводится ВЫСОКИЙ, ВЫСОКО:

| Der Mann war fast zwei Meter **hoch**. | Мужчина был почти двух метров **роста**. |

hohe(r) – прилагательное употребляется как определение (см. hoch)

Sie hat eine **hohe** Stirn.	У нее **высокий** лоб.
Der sitzt auf dem **hohen** Roß.	Он смотрит на других **свысока**/много о себе мнит.
Die Frau legte das Geld auf die **hohe** Kante.	Женщина откладывала деньги себе на **черный** день.

höchst – превосходная степень от прилагательного/наречия hoch (см.)

| Das ist der **höchste** Berg. | Это **самая высокая** гора. |
| Es ist / wird **höchste** Zeit. | Время не терпит / Дело не ждет. |

ich – личное местоимение первого лица единственного числа,

формы склонения:

Им.	ich
Вин.	mich
Дат.	mir
Род.	meiner

в предложении всегда является подлежащим,

переводится Я:

| Wer von euch hat das getan? – **Ich**! | Кто из вас это сделал? – **Я**! |
| Er hat mich auf Schritt und Tritt betrogen, und **ich** Esel habe ihm geglaubt. | Он обманывал меня на каждом шагу, а **я**, дурак, ему верил. |

ihr

1. ihr – личное местоимение второго лица множественного числа; формы склонения:

Им.	ihr
Вин.	euch
Дат.	euch
Род.	eurer

переводится вы (при обращении к каждому из лиц на ты):

Ihr könntet den Zug noch schaffen.	**Вы** могли бы еще успеть на поезд.

2. ihr – личное местоимение третьего лица единственного числа женского рода дательного падежа (см. *sie*),

переводится ей:

Das Geschenk hat **ihr** sehr gut gefallen.	Подарок **ей** очень понравился.

3. ihr – притяжательное местоимение третьего лица единственного числа женского рода, стоит перед существительным и заменяет артикль:

	Ед. число			Мн. число всех родов
	Муж.р.	Жен.р.	Ср.р.	
Им.	ihr	ihre	ihr	ihre
Вин.	ihren	ihre	ihr	ihre
Дат.	ihrem	ihrer	ihrem	ihren
Род.	ihres	ihrer	ihres	ihrer

переводится ее, свой:

Seit einem Jahr wohnt sie bei **ihrem** Onkel.	Уже год как она живет у **своего** дяди.
Ihre Leistungen sind zu bewundern.	**Ее** достижениям можно только удивляться.

ihr

4. ihr – **притяжательное местоимение** третьего лица множественного числа,

переводится *их, свой*:

| Die Müllers wohnen im Haus gegenüber. **Ihr** Wagen steht um die Ecke. | Мюллеры живут в доме напротив. **Их** машина стоит за углом. |

Ihr – **притяжательное местоимение** третьего лица единственного и множественного числа (форма вежливости).

Формы склонения:

	Ед. число			Мн. число всех родов
	Муж.р.	Жен.р.	Ср.р.	
Им.	Ihr	Ihre	Ihre	Ihre
Вин.	Ihren	Ihre	Ihr	Ihre
Дат.	Ihrem	Ihrer	Ihrem	Ihren
Род.	Ihres	Ihrer	Ihres	Ihrer

стоит перед существительным и заменяет артикль,

переводится *ваш, свой*:

Ist das **Ihr** Buch?	Это **ваша** книга?
Das ist **Ihre** Sache.	Это **ваше** дело.
Sie können **Ihre** Sachen bei mir lassen.	Вы можете оставить **свои** вещи у меня.

im – сочетание предлога **in** с артиклем dem (см. *in*)

in – предлог, требует на вопрос где? (wo?) дательного, а на вопрос куда? (wohin?) винительного падежа;

Употребляется:

1. для обозначения направления движения,

переводится *в, на*:

| Ich habe alles **in** die Tasche gelegt. | Я положил все в сумку. |

in

| Er fährt oft **ins** Ausland. | Он часто ездит **за** границу. |

2. для обозначения местонахождения,

   переводится **в, на:**

| Das Haus stand **in** einem großen Garten. | Дом стоял **в** большом саду. |
| Wir haben uns **in** einer Ausstellung kennengelernt. | Мы познакомились **на** выставке. |

3. для обозначения времени на вопрос когда? с дательным падежом,

   переводится **в, за** (какое-либо время):

Im September fahren wir nach Spanien oder **in** die Türkei.	**В** сентябре мы поедем в Испанию или в Турцию.
Im Jahre 1995 wurde der 50. Jahrestag des Sieges gefeiert.	**В** 1995 году праздновалась 50-ая годовщина Победы.
In letzten zwei Jahren hat er sich stark verändert.	**За** последние два года он сильно изменился.

При обозначении дат возможно два варианта: предлог in с существительным Jahr, например: im Jahre 1989 или только дата без предлога:

| 1989 / **Im Jahre 1989** studierte ich noch in Moskau. | **В 1989 году** я еще учился в Москве. |

4. для обозначения срока, начиная с настоящего момента; в отношении действия в прошедшем времени употребляется предлог nach (см.)

   переводится **через:**

| Er kommt **in** zwei Minuten (zurück). | Он придет **через** две минуты. |
| **In** einem halben Jahr beendet er das Studium und geht weg. | **Через** полгода он закончит учебу и уедет (отсюда). |

5. для ссылки на какой-либо документ или высказывание (с дательным падежом),

   переводится **в:**

| Das ist **im** Grundgesetzt festgelegt. | Это закреплено **в** Основном законе. |

in

In seiner Antwort hat er das besonders unterstrichen.	В своём ответе он это особенно подчеркнул.

6. для выражения состояния (с дательным падежом),

переводится *в, от:*

In ihrer Angst sprangen viele aus den Fenstern.	**От** страха многие прыгали из окон.

7. для обозначения области занятий или деятельности (с дательным падежом),

переводится *по:*

In Deutsch bleibt er etwas zurück.	**По** немецкому языку он немного отстаёт.
Morgen findet der Wettkampf **im** Kunstspringen statt.	Завтра состоятся соревнования **по** прыжкам с трамплина.
Das habe ich **im** Rundfunk gehört.	Это я слушал **по** радио.

8. в устойчивых словосочетаниях:

im allgemeinen	в общем, в основном
Im allgemeinen wird sehr schnell abgefertigt.	**В основном** оформление проходит быстро.
in Kraft treten	вступать в силу
Das Gesetz **ist** noch nicht **in Kraft getreten**.	Закон ещё не **вступил в силу**.
in bar (zahlen)	(платить) наличными
Zahlen Sie **in bar** oder mit Scheck?	Вы будете платить **наличными** или чеком?
in Ordnung (sein)	(быть) в порядке
Hier ist etwas nicht **in Ordnung**.	Тут что-то не **в порядке** / не так.
(Geht) in Ordnung!	Хорошо! Будет сделано!

infolge – предлог, требует родительного падежа,

переводится *вследствие:*

Infolge unserer schnellen Hilfe blieb der Schwerverletzte am Leben.	**Вследствие** нашей быстрой помощи тяжелораненый остался жить.

innerhalb – предлог, требует родительного падежа.

Употребляется:

1. в пространственном значении, обозначает местоположение в пределах, внутри чего-либо,

    переводится _в_:

    | Innerhalb der Stadt beträgt die Geschwindigkeit 80 St/h. | В черте города скорость составляет 80 км/ч. |

2. во временно́м значении,

    переводится _в, в течение, за_:

    | Das soll man **innerhalb** einer Woche machen. | Это нужно сделать **в течение** недели / **за** неделю. |

ins – сочетание предлога in с артиклем das (см. in)

irgend- – неопределенное местоимение, употребляется в сложных словах,

переводится _-либо, -нибудь, -то_:

| **Irgend**wann können wir das nachholen. | Когда-**нибудь** мы сможем это наверстать. |
| **Irgend jemand** hat gesagt, daß er heute nicht da ist. | **Кто-то** сказал, что его сегодня нет (на месте). |

irgendwann – неопределенное наречие

переводится _когда-либо, когда-то, когда-нибудь_:

| Sie hofft, daß sie **irgendwann** doch die Genehmigung erhält. | Она надеется, что **когда-нибудь** все-таки получит разрешение. |

irgendwas – неопределенное местоимение

переводится _что-то, кое-что, что-нибудь_:

| Ich fühlte, daß bei der Sache **irgendwas** faul ist. | Я чувствовал, что **что-то** нечисто. |

irgend-

irgendwelcher – неопределенное местоимение, склоняется как вопросительное слово welcher (см.),

переводится *какой-то, какой-нибудь:*

Gibt es **irgendwelche** Fragen?	**Какие-нибудь** вопросы есть?

irgendwer – неопределенное местоимение, склоняется как вопросительное слово wer (см.), в предложении всегда является подлежащим,

переводится *кто-то, кто-нибудь, кое-кто:*

Irgendwer hat mir diesen Tip gegeben.	**Кто-то** дал мне этот совет.
Schließlich ist er nicht **irgendwer**.	В конце концов он не **какой-то** встречный и поперечный / первый встречный.

irgendwie – неопределенное наречие

переводится *как-нибудь, как-то, кое-как:*

Irgendwie wird's schon werden.	**Как-нибудь** все уладится.
Sie fühlte sich **irgendwie** schuldig.	Она чувствовала себя в **какой-то** степени виноватой.

irgendwo – неопределенное наречие

переводится *где-то, где-нибудь:*

Ich möchte **irgendwo** in Griechenland Urlaub machen.	Я хочу отдохнуть **где-нибудь** в Греции.

irgendwoher – неопределенное наречие

переводится *откуда-то, откуда-нибудь:*

Irgendwoher hörte man leise Musik.	**Откуда-то** была слышна тихая музыка.

irgendwohin – неопределенное наречие

переводится *куда-то, куда-нибудь:*

	je... desto
Die beiden Briefe sind **irgendwohin** verschwunden.	Оба письма **куда-то** исчезли.

ist – форма 3-го лица единственного числа глагола-связки sein *быть, являться*, как правило, не переводится:

Er **ist** ein guter Fachmann.	Он хороший специалист.
Warum **ist** er gestern nicht **gekommen**?	Почему он вчера не **пришел**?
Er **ist** ein guter Fachmann **geworden**.	Он **стал** хорошим специалистом.

1. je – наречие

переводится *когда-либо, когда-нибудь*:

Hast du **je** von so etwas gehört?	Ты **когда-нибудь** слышал про такое?
Es geht mir besser als **je** zuvor.	Мне живется лучше, чем **когда-либо** раньше.

2. je – предлог при числовом обозначении,

переводится *по (каждый)*:

An einem Tisch saßen **je** vier Personen.	За каждым столом сидело **по** четыре человека.
Die Reise kostet **je** DM 75,-.	Поездка стоит 75 марок с **каждого** человека.

3. je – в сочетании с предлогом nach

переводится *в зависимости от*:

Je nach Umständen versuche ich dich zu erreichen.	**В зависимости от** обстоятельств я попытаюсь тебя найти.

je..., desto... – парный союз, соединяет придаточные предложения образа действия, при этом как в придаточном, так и в главном предложении прилагательное или наречие стоит сразу после союза в сравнительной степени,

je... desto

переводится *чем... тем...*:

Je früher ihr kommt, **desto** mehr Zeit haben wir dann.	**Чем** раньше вы приедете, **тем** больше времени у нас будет.
Je weiter wir fuhren, **desto** schwieriger wurde der Weg.	**Чем** дальше мы ехали, **тем** труднее становилась дорога.

je nachdem – подчинительный союз

переводится *сообразно с..., смотря по...*:

Wir nehmen daran teil, **je nachdem** (ob) wir Zeit haben.	Мы примем в этом участие **смотря по** тому, будет ли у нас время.
Fahren Sie mit? – **Je nachdem**.	Вы поедете с нами? – Может быть / **Смотря по** обстоятельствам.

jeder (jedes, jede) – неопределенное местоимение

склоняется как определенный артикль, может стоять как перед существительным, так и отдельно;

формы склонения:

	Ед. число			Мн. число всех родов заменяется словом
	Муж.р.	Ср.р.	Жен.р.	
Им.	jeder	jedes	jede	alle
Вин.	jeden	jedes	jede	alle
Дат.	jedem	jedem	jeder	allen
Род.	jedes	jedes	jeder	aller

переводится *каждый, любой*:

Jeder ist seines Glückes Schmied.	**Каждый** – кузнец своего счастья. (погов.)
Er wollte das um **jeden** Preis erreichen.	Он хотел достичь этого **любой** ценой.
Er kennt hier **jede** Straße / Er kennt hier **alle** Straßen.	Он знает здесь **каждую** улицу / Он знает здесь **все** улицы.
Sie hat mich **jeden** Tag angerufen.	Она звонила мне **каждый** день.

jedesmal – наречие времени

употребляется часто как соотносительное слово при придаточном предложении времени, обозначающем многократное действие в прошлом; в качестве союза употребляется в этом случае wenn;

переводится *каждый/всякий раз*:

Sie kommt **jedesmal** zu spät.	Она всегда / **каждый раз** опаздывает.
Jedesmal, wenn ich mit der Arbeit anfing, klingelte das Telefon.	**Каждый раз**, когда я начинал работать, звонил телефон.

jemand – неопределенное местоимение, иногда имеет падежные окончания,

переводится *кто-то, кто-нибудь, кто-либо*:

Wir kennen **jemand(en)**, der das schon gemacht hat.	Мы знаем **кого-то** / одного, кто это уже делал.
Ist da **jemand**?	Здесь **кто-нибудь** есть?

jener (jenes, jene) – указательное местоимение, склоняется как определенный артикль:

	Ед. число			Мн. число всех родов
	Муж.р.	Ср.р.	Жен.р.	
Им.	jener	jenes	jene	jene
Вин.	jenen	jenes	jene	jene
Дат.	jenem	jenem	jener	jenen
Род.	jenes	jenes	jener	jener

переводится *тот, та, то, те*:

Seit **jenem** Zeitpunkt haben wir uns nicht mehr gesehen.	С **того** момента мы больше не виделись.
Wir sprachen über dies und **jenes**.	Мы говорили о том о **сем**.

jener

В современном языке употребляется редко и заменяется указательным местоимением der/da или derjenige:

| Gefällt Ihnen dieses Hemd? – Nein, **das da** gefällt mir besser. | Вам нравится эта рубашка? – Нет, **та** нравится мне больше. |

jenseits – предлог, требует родительного падежа, переводится *по ту сторону*:

| *Jenseits* der Berge ist das Klima viel milder. | **По ту сторону** гор климат намного мягче. |

kann – форма 1-го и 3-го лица единственного числа модального глагола können *мочь, иметь возможность* (см. können)

| Ich **kann** das machen. | Я **могу** это сделать. |

kannte – форма претерита от глагола kennen *знать*; образуется не по правилам: имеет суффикс -te и меняет корневой гласный:

| Von dieser Seite **kannte** ich ihn noch nicht. | С этой стороны я его еще не **знал**. |

kein – неопределенный артикль с отрицанием, употребляется при отрицании предложения, в котором есть существительное с неопределенным артиклем или без артикля; формы склонения:

	Ед. число			Мн. число всех родов
	Муж.р.	Ср.р.	Жен.р.	
Им.	kein	kein	keine	keine
Вин.	keinen	kein	keine	keine
Дат.	keinem	keinem	keiner	keinen
Род.	keines	keines	keiner	keiner

können

переводится *нет, не, ни один:*

Keine Rose ohne Dornen.	**Нет** розы без шипов. (погов.)
Hast du Geld? – Im Augenblick habe ich **kein** Geld.	У тебя есть деньги? – В настоящий момент у меня денег **нет**.
Sie ist noch **keine** achtzehn Jahre alt.	Ей **нет** еще и восемнадцати.

keiner (es, -e) – неопределенное местоимение, употребляется только как замена существительного (см. *einer*), склоняется (см. *kein*),

переводится *ни один, никто, никакой:*

Keiner konnte Bescheid sagen.	**Никто** не мог дать точного ответа.
So etwas wird **keinem** gefallen.	Такое **никому** не понравится.
Ich kenne **keinen**, der das tut.	Я **никого** не знаю, кто это сделает.

kennen – глагол, имеет неправильные основные формы, имеет суффикс -te в претерите, как слабые глаголы, и меняет корневой гласный как сильные глаголы:

kennen – kannte – gekannt

переводится *знать* (кого-либо, что-либо):

Da **kennst** du mich aber schlecht.	Ты меня плохо **знаешь**.
Kennen Sie unseren neuen Professor?	Вы **знаете** нашего нового профессора?
(Ja,) das **kennen** wir schon!	**Знаем** мы это! Нечего отговариваться!
Ich **habe** sein frühere Adresse **gekannt**.	Я **знал** его прежний адрес.

können – модальный глагол,

основные формы: können – konnte – gekonnt

Как и все модальные глаголы имеет особенности спряжения:

können

	Презенс	Претерит	Конъюнктив I	Конъюнктив II
ich	kann	konnte	könne	könnte
du	kannst	konntest*	könnest	könntest
er, sie	kann	konnte	könne	könnte
wir	können	konnten	können	könnten
ihr	könnt	konntet	könnet	könntet
sie, Sie	können	konnten	können	könnten

переводится мочь, уметь, быть в состоянии;

Употребляется:

1. для выражения возможности или способности что-либо сделать:

Kannst du Gitarre spielen?	Ты **можешь / умеешь** играть на гитаре.
Können Sie Deutsch?	Вы **говорите** по-немецки / **владеете** немецким языком?
Im Park **kann man** joggen.	В парке **можно** бегать.

2. для выражения возможности в вопросе, так же как и dürfen (см. dürfen):

| **Kann** ich / **Darf** ich telefonieren? | **Можно** позвонить? |
| **Kann** / **Darf** ich Ihre Papiere sehen? | **Можно** посмотреть ваши документы? |

3. в вежливом вопросе / в форме конъюнктива II/:

| **Könnte** ich Sie etwas fragen? | **Можно** вас о чем-то спросить? |

4. для выражения предположения /в форме конъюнктива II/:

| Das **könnte** man sagen. | Это **можно было бы** сказать. |
| Er **könnte** mich nicht gesehen haben. | **Возможно**, он меня не видел. |

5. для выражения предположения (с инфинитивом II):

| Er **kann** damals nicht in der Stadt **gewesen sein**. | **Возможно**, что его тогда **не было** в городе. |

lassen

6. с прямым дополнением (без второго глагола):

| Das **hat** er nicht **gekonnt**. | Он **не смог** этого (сделать). |

konnte – форма претерита модального глагола können (см.)

könnte – форма конъюнктива II модального глагола können (см.)

längs – предлог, требует родительного падежа,
переводится ВДОЛЬ:

| **Längs** der Autobahn waren Parkplätze eingerichtet. | **Вдоль** автострады были оборудованы стоянки для автомашин. |

läßt – форма 2-го и 3-го лица единственного числа глагола lassen (см.)

lassen – глагол, имеет некоторые особенности спряжения и употребления;

основные формы: lassen – ließ – gelassen;
формы спряжения:

Ед. число		Мн. число	
ich	lasse	wir	lassen
du	läßt	ihr	laßt
er, sie	läßt	sie, Sie	lassen

Употребляется:

1. как переходный глагол,

переводится ОСТАВЛЯТЬ (в прежнем состоянии, на прежнем месте):

Wir **ließen** die Kinder zu Hause und fuhren zum Krankenhaus.	Мы **оставили** детей дома и поехали в больницу.
Laß mich in Ruhe!	**Оставь** меня в покое!
Die Katze **läßt** das Mausen nicht.	Как волка не корми, а он все в лес смотрит (досл. кошка не **перестает** ловить мышей). (погов.)

lassen

Laßt euch Zeit!	Не торопитесь / **оставьте** себе время!
Laß alles so, wie es ist.	**Оставь** все так, как есть.

2. в функции модального глагола;

   переводится *велеть, заставлять, поручать, просить* (сделать что-либо) (с инфинитивом другого глагола):

Die Folgen **ließen** nicht lange auf sich warten.	Последствия не **заставили** себя долго ждать.
Der Chef **ließ** mich kommen.	Начальник **велел** меня позвать.

3. как модальный глагол, если действие производится не самим подлежащим, а другим лицом; в русском языке такая конструкция отсутствует; при образовании (перфекта) употребляется форма инфинитива;

   переводится *велеть, просить,* (часто вообще не переводится):

Ich wasche meine Hemden.	Я стираю рубашки (сам).
Ich **lasse** meine Hemden waschen.	Я **отдаю** рубашки стирать / в стирку.
<u>Ср.</u> Ich **habe** meinen Reisepaß im Hotel **gelassen**.	Я **оставил** свой паспорт в гостинице.
Ich **habe** mir einen neuen Anzug machen **lassen**.	Я **заказал** новый костюм.

4. как модальный глагол,

   переводится *разрешать, позволять, давать возможность* (что-либо сделать):

Laßt mich das erledigen!	Давайте я это сделаю!
Der Vater **ließ** die Tochter nicht mitfahren.	Отец не **разрешил** дочери ехать со всеми.

5. как модальный глагол в значении побуждения:

Lassen wir / **Laßt** uns darüber reden!	**Давайте** поговорим об этом!
Laßt uns gehen!	Пойдем! Пошли!

6. с местоимением sich и инфинитивом, указывает на возможность какого-либо действия.

Das **läßt sich** machen.	Это **можно** сделать.

Daß Schloß **ließ** sich nicht öffnen.	Замок не открывался.

7. в оборотах речи:

j-m **freie Hand lassen** — предоставить свободу действия

Ich **lasse** Ihnen dabei **freie Hand**.	При этом я **предоставляю** вам **свободу действий**.

sich sehen lassen — появляться, показываться

Seit dieser Zeit **hat** er **sich** nicht mehr **sehen lassen**.	С тех пор он больше не **появлялся**.

j-n in Stich lassen — оставить кого-либо в беде

Ich wollte ihn nicht **in Stich lassen** und kam ihm zur Hilfe.	Я не хотел **оставлять** его **в беде** и поспешил ему на помощь.

Если глагол lassen употребляется в перфекте или в плюсквамперфекте и стоит в придаточном предложении, то вспомогательный глагол haben ставится не на самом последнем месте, а перед инфинитивом другого глагола:

Er erzählte, daß er ein Zimmer im Hotel "Berlin" **hat reservieren lassen**.	Он рассказал, что **зарезервировал** номер в гостинице "Берлин".

laut – предлог, требует родительного падежа, часто у существительного отсутствует артикль и окончание родительного падежа,

переводится *согласно:*

Laut des Befehls sollte die Operation um 22 Uhr beginnen.	*Согласно* приказа операция должна была начаться в 22 часа.
Laut Paragraph 1 der Straßenverkehrsordnung war er an dem Unfall schuldig.	*Согласно* статьи 1 правил уличного движения он был виновник автодорожного происшествия.

lieber – сравнительная степень наречия gern охотно,

переводится *лучше, охотнее:*

Du hättest das **lieber** nicht sagen sollen.	**Лучше** бы тебе этого не говорить / не следовало говорить.

lieber

Ich würde **lieber** mit dem Zug fahren.	Я бы **лучше** поехал на поезде.
Ich mache diese Arbeit **lieber** als er.	Я **охотнее** сделаю эту работу чем он.

mag – **модальный глагол** mögen хотеть, желать (см. *mögen*), 1-е и 3-е лицо настоящего времени единственного числа в самостоятельном употреблении,

переводится нравиться, любить:

Ich **mag** diesen Menschen nicht.	Я не **люблю** / не терплю/ не выношу / этого человека.
Sie **mag** gern Obst.	Она **любит** фрукты.

man – **неопределенно-личное местоимение,** не имеющее соответствия в русском языке; согласуется с глаголом в 3-м лице единственного числа;

при переводе предложений с man на русский язык глагол ставится в 3-м лице множественного числа:

Употребляется:

1. в качестве подлежащего в неопределенно-личных предложениях:

Dieses Schloß besucht **man** gern.	Этот замок охотно посещают.
Von dort hat **man** eine herrliche Aussicht.	Оттуда открыв**ается** прекрасный вид.

2. в сочетании с модальными глаголами образует безличные обороты;

man kann (nicht)	можно (нельзя)
man darf (nicht)	можно / разрешается (нельзя / не разрешается)
man muß	нужно, необходимо
man muß nicht	нет необходимости
man soll (nicht)	нужно следует (не нужно, не следует)

mancher

Man **soll** den Tag nicht vor dem Abend loben.	Не **хвали** день до вечера. (ср. Цыплят по осени считают.) (погов.)
Man kann nie wissen, was kommt.	Никогда не зна**ешь**, что будет.
Man **muß** dafür rechtzeitig sorgen.	Необход**имо** об этом заранее позаботиться.

3. в сочетании с глаголом в форме конъюнктива I (в рецептах, наставлениях),

переводится *следует:*

Man nehme je 1 Tablette nach dem Essen.	**Следует принимать** по одной таблетке после еды.

mancher – неопределенное местоимение, может употребляться как вместо существительного, так и с существительным; склоняется как определенный артикль;

формы склонения:

	Ед. число			Мн. число всех родов
	Муж.р.	Ср.р.	Жен.р.	
Им.	mancher	manches	manche	manche
Вин.	manchen	manches	manche	manche
Дат.	manchem	manchem	mancher	manchen
Род.	manches	manches	mancher	mancher

переводится *некоторый, иной, кое-кто, кое-что, многие;*

Употребляется:

1. для обозначения одного или нескольких лиц или предметов, не конкретизированных более подробно:

Darüber habe ich (so) **manches** Mal gewundert.	Этому я порой (иногда) **иной** раз удивлялся.
Manche alten Leute fühlen sich einsam.	**Некоторые** пожилые люди чувствуют себя одинокими.
Mancher Student jobbt abends.	**Кое-кто** из студентов работает по вечерам.
Gar **manches** ist wahr geworden.	**Кое-что** стало действительным / оправдалось.

mancher

2. в краткой форме с неопределенным местоимением einer:

Manch einer wurde dabei verletzt.	**Кое-кто / Некоторые** были при этом ранен/ы.

mehr – сравнительная степень наречия viel много,

Употребляется:

1. для обозначения количества (с существительными и др. частями речи),

переводится *больше, более*:

Er braucht **mehr** Freizeit.	Ему нужно **больше** свободного времени.

2. с отрицанием,

переводится *больше не, уже не*:

Er arbeitet bei uns **nicht mehr**.	Он **больше** у нас не работает.

3. в сочетании с наречием immer,

переводится *все больше*:

Immer mehr Touristen erholen sich in Spanien.	**Все больше** туристов отдыхают в Испании.

4. с наречием weniger,

переводится *более или менее*:

Sie fühlt sich **mehr oder weniger** gut.	Она чувствует себя **более или менее** хорошо.

5. в сочетании nicht mehr und nicht weniger,

переводится *не больше и не меньше*:

Das war ein großer Fehler, **nicht mehr und nicht weniger**.	Это было грубой ошибкой, **не больше и не меньше**.

6. в сочетании um so mehr, als...,

переводится *тем более, что*:

Das stimmt **um so mehr**, als wir jetzt Beweise haben.	Это **тем более** верно, **что** у нас есть теперь доказательства.

mein

7. в сочетании mehr als einmal,
переводится *не раз:*

| Das hat er **mehr als einmal** unterstrichen. | Это он подчеркивал **не (один) раз**. |

8. в сочетании und anderes mehr (u.a.m.),
переводится *и многое другое:*

| Dort wurden Wörterbücher, Handbücher, Sprachführer **und anderes mehr** angeboten. | Там предлагали словари, справочники, разговорники **и многое другое**. |

mehrere – неопределенное местоимение, склоняется как определенный артикль во множественном числе; прилагательные после mehrere имеют окончания сильного склонения;

переводится *несколько, некоторые, различные:*

Hier gibt es **mehrere** Möglichkeiten.	Здесь есть **несколько** возможностей.
Ich war **mehrere** Tage verreist.	Я был **несколько** дней в отъезде.
Hier sind Briefe **mehrerer** guter Bekannter.	Вот письма **некоторых** хороших знакомых.

mein – притяжательное местоимение 1-го лица единственного числа; склоняется в единственном числе как неопределенный артикль (ein), а во множественном числе как прилагательное без артикля:

	Ед. число			Мн. число всех родов
	Муж.р.	Ср.р.	Жен.р.	
Им.	mein	mein	meine	meine
Вин.	meinen	mein	meine	meine
Дат.	meinem	meinem	meiner	meinen
Род.	meines	meines	meiner	meiner

mein

переводится <u>мой, свой</u>:

Das ist **meine** Sache.	Это **мое** дело.
Meine Damen und Herren!	Дамы и господа!
Ist das deine Füllfeder oder **meine**?	Это твоя ручка или **моя**?
Ich trinke **meine** vier Tassen Kaffee am Tage.	Я выпиваю **свои** четыре чашки кофе в день.
Das ist nicht **mein** Bier.	Это не **мое** дело. (погов.)

meiner – **притяжательное местоимение** 1-го лица единственного числа, употребляется как замена существительного; имеет следующие окончания:

	Ед. число			Мн. число всех родов
	Муж.р.	Ср.р.	Жен.р.	
Им.	meiner	meins	meine	meine
Вин.	meinen	meins	meine	meine
Дат.	meinem	meinem	meiner	meinen
Род.	–	–	–	

переводится <u>мой / моя / мое</u>:

Haben Sie keinen Wagen? Nehmen Sie **meinen**.	У вас нет машины? Возьмите **мою**.
Ist das dein Buch? – Ja, das ist **meins**.	Это твоя книга? – Да, **моя**.

mit – **предлог,** требует дательного падежа;

Употребляется:

1. для выражения связи, общности,

    переводится <u>с, вместе с</u>:

Mit ihm habe ich mich immer gut verstanden.	**С** ним я всегда хорошо ладил.

2. для выражения инструмента или средства,

möchte

переводится *часто творительным падежом* или *на, по:*

Er fliegt immer **mit** dem Flugzeug.	Он всегда летает **на** самолете/ самолетом.
Der Brief kam **mit** der Post.	Письмо пришло **по** почте / почтой.
Mit dem Schlüssel war die Tür nicht zu öffnen.	Ключом дверь нельзя было открыть.

3. для обозначения способа или образа действия (часто без артикля),

   переводится *с:*

Wir fuhren **mit** großer Geschwindigkeit.	Мы ехали **с** большой скоростью.

4. для обозначения времени,

   переводится *с, в:*

Mit der Zeit wurde er ruhiger.	**Со** временем он стал спокойнее.
Mit 18 Jahren nahm er schon an der Weltmeisterschaft teil.	**В** 18 лет он уже участвовал в мировом первенстве.

5. перевод может зависеть от управления соответствующего глагола в русском языке, например:

beginnen mit...	начинать что-либо делать
aufhören mit...	прекращать что-либо (делать)
sich beschäftigen mit...	заниматься чем-либо

Wie immer begannen wir **mit** dem Aufwärmen.	Как всегда мы начали **с** разминки.
Hör endlich **mit** den Klagen auf!	Перестань, наконец, жаловаться!
Mit diesen Problem beschäftigt er sich seit Jahren.	Этой проблемой он занимается ряд лет.

mochte – вторая основная форма модального глагола mögen *хотеть, желать* (см. *mögen*)

möchte(n) – форма конъюнктива II модального глагола mögen,

möchte

особенности спряжения:

Ед. число	Мн. число
ich möchte	wir möchten
du möchtest	ihr möchtet
er, sie möchte	sie, Sie möchten

переводится *хотел(и) бы, желал(и) бы;*

Употребляется:

1. с прямым дополнением:

*Was **möchten** Sie?* — Что **бы** вы **хотели** / Что вы хотите / желаете?

*Ich **möchte** ein Zimmer mit Dusche oder Bad.* — Я **хотел бы** номер с душем или ванной.

2. для выражения желаемости какого-либо действия:

*Ich **möchte** fragen, wie ich zum Rathaus komme?* — Я **хотел бы** спросить, как проехать к ратуше?

mögen — модальный глагол, основные формы:

mögen — mochte — gemocht

Как и все модальные глаголы имеет особенности спряжения:

	Презенс	Претерит	Конъюнктив I	Конъюнктив II
ich	mag	mochte	möge	möchte
du	magst	mochtest	mögest	möchtest
er, sie	mag	mochte	möge	möchte
wir	mögen	mochten	mögen	möchten
ihr	mögt	mochtet	möget	möchtet
sie, Sie	mögen	mochten	mögen	möchten

Употребляется:

1. для выражения отношения, переводится *нравиться, любить:*

*Sie **mögen** sich (gern).* — Оба **любят** друг друга.

müssen

Der Vater **hat** keinen Käse **gemocht**.	Отец не **любил** сыра.
Sie **mag** ihn nicht.	Она его не **любит** / **терпит**.

2. для выражения предположения, переводится *может быть, наверное:*

Er **mag** 40 Jahre alt sein.	Ему **наверное** 40 лет.
Wer **mag** das sein?	Кто **бы** это **мог** быть?
Das **mag** stimmen.	**Может быть** это так.
Mag sein, daß es stimmt.	**Может быть** это верно.

3. для выражения побуждения, переводится *пусть:*

Sie **mag / möge** sich in acht nehmen!	**Пусть** она остерегается!

4. для выражения пожелания, переводится *пусть:*

Möge das Neue Jahr Ihnen Glück bringen!	**Пусть** новый год принесет вам счастье!

5. для выражения вежливой просьбы, переводится *хотеть:*

Möchtet ihr etwas essen?	Вы **хотите** чего-нибудь поесть?
Ich **möchte** ein Brot und zwei Brötchen.	Мне / Я **хотел бы** буханку хлеба и две булочки.

6. для выражения предположения (с инфинитивом II), переводится *наверное:*

Er **mag** uns nicht mehr erreicht haben.	**Наверное**, он нас уже не застал.

muß – форма 1-го и 3-го лица единственного числа модального глагола müssen долженствовать, быть необходимым (см. *müssen*)

müssen – модальный глагол, основные формы:
müssen – mußte – gemußt

müssen

Как и все модальные глаголы имеет особенности спряжения:

	Презенс	Претерит	Конъюнктив I	Конъюнктив II
ich	muß	mußte	müsse	müßte
du	mußt	mußtest	müssest	müßtest
er, sie	muß	mußte	müsse	müßte
wir	müssen	mußten	müssen	müßten
ihr	müßt	mußtet	müsset	müßtet
sie, Sie	müssen	mußten	müssen	müßten

переводится *долженствовать, быть необходимым*;

Употребляется:

1. для выражения необходимости, обусловленной внешними обстоятельствами:

Ich **muß** nach Hause, weil meine Frau krank ist.	Я **должен** ехать домой, так как моя жена больна.
Das **mußte** ja kommen.	Так **должно было** случиться.

2. для выражения необходимости, иногда с отрицанием:

Das **muß nicht** sein.	Это **не обязательно** / В этом нет необходимости.

Модальный глагол müssen с отрицанием часто заменяется глаголом *brauchen + zu + Infinitiv*

Sie **brauchen nicht** noch einmal zu kommen.	Вам **не нужно** еще раз приходить.

3. для выражения обоснованного предположения (с инфинитивом II),

переводится *наверное, очевидно, должно быть*:

Sie **muß** sich über diesen Brief gewundert haben.	Она, **наверное** / **очевидно**, удивилась этому письму.

4. для выражения пожелания или предположения в форме конъюнктива II:

Geld **müßte** man haben.	**Нужно** иметь деньги.
So **müßte** es immer sein.	Так **должно было бы** быть всегда.

nach

5. с прямым дополнением (без инфинитива другого глагола):

Sie **muß** noch zum Arzt.	Она **должна** еще (пойти) к врачу.
Er **hat** zum Chef **gemußt**.	Он **должен был** пойти к начальнику.

1. nach – предлог, требует дательного падежа;

Употребляется:

1. для обозначения места при существительных, употребляемых без артикля (названия стран, городов, континентов), а также с наречиями,

переводится *в, на:*

Unsere Reise **nach** Griechenland war sehr interessant.	Наша поездка **в** Грецию была очень интересной.
Wann kommt er heute **nach** Hause?	Когда он придет сегодня дом**ой**?
Fahren Sie **nach** rechts, dann geradeaus bis zur Brücke.	Поезжайте **направо**, а затем прямо до моста.

<u>Но</u>: при существительных, имеющих артикль, употребляется предлог in:

In diesem Sommer fahren wir **in** die Schweiz.	Этим летом мы поедем **в** Швейцарию.

2. для обозначения времени,

переводится *после, через, спустя:*

Sie kann uns erst **nach** Ostern besuchen.	Она может навестить нас только **после** Пасхи.
Es ist zehn Minuten **nach** eins.	(Сейчас) десять минут втор**ого**.
Nach drei Tagen rief er mich wieder an.	**Через** три дня он снова позвонил мне.

3. для выражения соответствия какому-либо документу (правилу и т.п.) или представлению, иногда стоит после существительного,

переводится *по:*

Nach meiner Meinung / Meiner Meinung **nach** irrt er sich.	**По** моему мнению он ошибается.

nach

Sie kleidet sich **nach** der letzten Mode.	Она одевается **по** последней моде.
Nach dem Gesetz durfte er das nicht machen.	**По** закону он не имел права этого делать.

4. для выражения последовательности:

Nach dir bin ich dran.	Моя очередь **за** тобой.
Einer **nach** dem anderen verließ den Raum.	Один **за** другим покидал помещение.

5. перевод может зависеть от управления соответствующего глагола, например:

streben nach...	стремиться к чему-либо
Er strebte immer **nach** Erfolg.	Он всегда стремился **к** успеху.
fragen nach...	спрашивать кого-либо о ком-либо, чем-либо
Jemand hat **nach Ihnen** gefragt.	Кто-то **вас** спрашивал.
suchen nach...	искать кого-либо, что-либо
Ich suche **nach** einem Gebrauchtwagen.	Я ищу подержанную автомашину.
rufen nach...	звать кого-либо
Man muß **nach** dem Arzt rufen.	Нужно позвать врача.
sich sehnen nach...	тосковать о ком-либо, чем-либо
Sie sehnte sich **nach** ihren Kindern.	Она тосковала **о** своих детях.

2. nach – наречие

переводится *вслед за..., после* и в выражениях:

nach wie vor	по-прежнему, как и прежде
nach und nach	постепенно
Er ist **nach wie vor** kerngesund.	Он **по-прежнему** вполне здоров.
Nach und nach wurde es dunkel.	**Постепенно** стало темнеть.

nachdem – подчинительный союз, вводит придаточные предложения времени, в которых, как правило, употребляется плюсквамперфект; выражает действие, предшествующее действию главного предложения,

переводится *после того как*:

Nachdem der Regen aufgehört hatte, konnten wir weiter fahren.	**После того, как** дождь перестал, мы смогли ехать дальше.
Nachdem wir das Training beendet haben, gehen wir in die Schwimmhalle.	**После того, как** закончим тренировку, мы пойдем в бассейн.

1. nämlich – наречие

переводится *а именно, то есть*:

Es gibt nur zwei Möglichkeiten, **nämlich**, abwarten oder abreisen.	Есть только две возможности, а **именно**: ждать или уезжать.

2. nämlich – союзное слово, часто стоит в середине предложения,

переводится *так как, потому что, дело в том что*:

Sie hat nichts gesehen, sie ist **nämlich** kurzsichtig.	Она ничего не видела, **так как** она близорука.
Wir waren nicht zu Hause, zu dieser Zeit **nämlich** gehen wir spazieren.	Нас не было дома, **так как** в это время мы ходим гулять.

nannte – форма претерита, глагола nennen звать, называть; образуется не по правилам (см. *nennen*);

Nun **nannte** er das Kind beim rechten Namen.	Теперь он **назвал** вещи своими именами.

nennen – глагол, основные формы: nennen – nannte – genannt; имеет неправильные основные формы: в претерите суффикс -te как слабые глаголы и меняет корневой гласный как сильные глаголы,

nennen

переводится *звать* (кого-либо, что-либо), *называть*:

Das **nenn'** ist schlafen!   Вот это **называется** спать!
Sein Name **wurde** an erster Stelle **genannt**.   Его имя **было названо** на первом месте.

neben – предлог, требует на вопрос где? (wo?) дательного, а на вопрос куда? (wohin?) винительного падежа;

Употребляется:

1. для обозначения места,

    переводится *рядом, около*:

    Sie hat sich **neben** mich gesetzt.   Она села **рядом со** мной.
    Dieses Geschäft liegt **neben** dem Hotel.   Этот магазин находится **рядом с** гостиницей.

2. для выражения дополнительности,

    переводится *кроме, наряду*:

    Neben ihrer Arbeit im Beruf hat sie die Familie zu versorgen.   **Наряду** со своей работой по профессии она должна заботиться о семье.

3. при сравнении,

    переводится *рядом, по сравнению*:

    Neben ihm bist du ein Riese.   **По сравнению** / **Рядом** с ним ты великан.

nicht – отрицание

переводится *не, нет, ни*:

Употребляется:

1. при отрицании всего предложения (глагола-сказуемого);

    а. если сказуемое выражено одним глаголом nicht стоит в конце предложения:

    Der Aufzug funktionert **nicht**.   Лифт **не** работает.

6. если сказуемое выражено несколькими частями речи, то nicht стоит перед неизменяемой частью сказуемого (на предпоследнем месте):

*Draußen ist es heute **nicht** kalt.*	На улице сегодня **не** холодно.
*Wir konnten ihm dabei **nicht** helfen.*	Мы **не** могли ему при этом помочь.
*Der Junge hat den Weg leider **nicht** erklären können.*	Мальчик **не** мог, к сожалению, объяснить дорогу.

2. при отрицании какого-либо члена предложения nicht стоит непосредственно перед ним:

*Ich kann hierher **nicht** jeden Tag kommen.*	Я **не** могу приходить сюда каждый день.
*Das hat **nicht** er gesagt.*	Это **не** он сказал / сказал **не** он.

3. если в предложении есть существительное (подлежащее или дополнение с неопределенным артиклем или без артикля), то употребляется отрицание kein (см. *kein*):

Ср. *Er hatte das Buch **nicht**.*	У него **не** было / этой / такой / книги.
*Er hatte **kein** Buch.*	У него **не** было (никакой) книги.

nicht nur, sondern auch – парный союз, соединяет как однородные члены предложения, так и самостоятельные предложения; в последнем случае после sondern стоит, как правило, подлежащее,

переводится *не только, но и...*:

*Ich fragte **nicht nur** dich, **sondern auch** ihn.*	Я спрашивал **не только** тебя, **но и** его.
*Er war **nicht nur** finanziell am Ende, **sondern** er hatte sich **auch** noch eine schwere Krankheit zugezogen.*	У него **не только** были финансовые трудности, **но он еще и** тяжело заболел.

nichts – неопределенное местоимение, употребляется в отношении предметов, понятий и т.п.; при наличии nichts в предложении другие отрицания отсутствуют,

nichts

переводится *ничего:*

Er hat **nichts** dagegen.	Он **ничего** не имеет против.
(Das) macht **nichts**.	Это не беда / **Ничего**.
Nichts ist leichter als das.	Не может быть / Нет **ничего** проще.

nie – отрицательное наречие, при наличии nie в предложении другое отрицание отсутствует,

переводится *никогда:*

Das haben wir noch **nie** gesehen.	Этого мы еще **никогда** не видели.
Das werde ich **nie** wieder tun.	Этого я **никогда** больше не сделаю.

niemals – отрицательное наречие, при наличии niemals в предложении другое отрицание отсутствует,

переводится *никогда, ни разу:*

Er hat das **niemals** geleugnet.	Он **никогда** этого не отрицал.

niemand – отрицательное местоимение, относится к одушевленным предметам, (см. jemand);

употребляется только в единственном числе, иногда может иметь окончания в дательном (-em) и винительном (-en) падеже; при употреблении в предложении другое отрицание отсутствует;

переводится *никто:*

Sie hat das **niemand**(em) gesagt.	Она **никому** этого не говорила.
Ich kenne dort **niemand**(en).	Я там **никого** не знаю.
Niemand anders als du hast mir das geraten.	**Никто** иной как ты мне это советовал.

nirgends – отрицательное наречие, при наличии в предложении другое отрицание отсутствует,

obwohl

переводится *нигде, негде:*

| Sie fühlt sich **nirgends** zu Hause. | Она **нигде** не чувствует себя дома. |
| Ich konnte ihn **nirgends** finden. | Я **нигде** не мог его найти. |

nirgendwohin – отрицательное наречие, при употреблении в предложении другое отрицание отсутствует,

переводится *никуда:*

| Er kann jetzt **nirgendwohin** fahren. | Он теперь **никуда** не может поехать. |

ob – союзное слово, вводит придаточные предложения, содержащие косвенный вопрос,

переводится *ли:*

| Frage ihn, **ob** er kommt. | Спроси его, придет **ли** он. |
| **Ob** es stimmt, kann ich nicht sagen. | Так **ли** это, я не могу сказать. |

(см. также *als ob*)

obwohl – подчинительный союз, вводит уступительные придаточные предложения,

переводится *хотя, несмотря на то что:*

| **Obwohl** wir uns schon lange kennen, haben wir uns nie gestritten. | **Хотя** мы знаем друг друга уже давно, мы никогда не ссорились. |
| Sie konnte nicht einschlafen, **obwohl** sie sehr müde war. | Она не могла заснуть, **хотя** была очень утомлена. |

В этом же значении употребляется и союз *trotzdem* (см.), который стоит в главном предложении и переводится *несмотря на то что, хотя:*

| Ср. | Sie war sehr müde, **trotzdem** konnte sie nicht einschlafen. | Она была очень утомлена, **несмотря на это** не могла заснуть. |

obschon

obschon – подчинительный союз (см. *obwohl*).

obzwar – подчинительный союз (см. *obwohl*).

oder – союзное слово, не влияет на порядок слов;

переводится *или*:

So **oder** anders, es ist mir völlig egal / gleich.	Так **или** иначе, мне все равно.
Jetzt **oder** nie!	Сейчас **или** никогда!
Hast du ihn gesehen **oder** nicht?	Ты его видел **или** нет?

(см. также entweder..., oder...)

1. ohne – предлог, требует винительного падежа,

переводится *без*;

Употребляется:

1. для выражения отсутствия кого-либо или чего-либо, при этом существительное стоит, как правило, без артикля:

Ohne Wörterbuch kann ich diesen Brief nicht übersetzen.	**Без** словаря я не могу перевести это письмо.
Er hat das **ohne** (jeden) Grund erklärt.	Он заявил это **без** всякого основания.

2. в оборотах речи:

Dein Vorschlag ist **nicht ohne**.	Твое предложение **не без интереса** / хорошее / в нем что-то есть.

2. ohne – союз, в сочетании с частицей zu и инфинитивом образует инфинитивную группу,

переводится *деепричастным оборотом с отрицанием*:

Er ging hinaus, **ohne sich zu verabschieden**.	Он вышел, **не попрощавшись**.
Ohne lange zu überlegen, sagte er zu.	Долго **не раздумывая**, он согласился.

sei

3. ohne – союз в сочетании с daß,

переводится *без того, чтобы, хотя и не:*

| Es vergeht kein Tag, **ohne daß** er mich angerufen hat. | Ни проходит и дня, **без того чтобы** он мне не позвонил. |
| Sie redet oft, **ohne daß** man sie fragt. | Она часто говорит, **хотя ее и не** спрашивают. |

rauf – наречие, сокращенная форма от heraus (см. *herauf*)

raus – наречие, сокращенная форма от heraus (см. *heraus*)

sei – форма 1-го и 3-го лица единственного числа конъюнктива I глагола sein *быть, являться;*

формы спряжения:

Ед. число		Мн. число	
ich	sei	wir	seien
du	sei(e)st	ihr	seiet
er, sie	sei	sie, Sie	seien

Употребляется:

1. для выражения повелительного наклонения (2-го лица ед. числа),

переводится *будь:*

| **Sei** nicht so störrisch! | Не будь таким упрямым! |
| **Sei** so nett! | Будь так любезен! |

2. в косвенной речи, как глагол-связка, не переводится:

| Er sagte, er **sei** krank und könne nicht kommen. | Он сказал, что он болен и не может прийти. |

3. в косвенной речи для образования перфекта от глаголов передвижения, изменения состояния и т.п.

| Er versicherte, er **sei** nicht in Köln **geblieben**, sondern weiter nach Bremen gefahren. | Он уверял, что не **остался** в Кёльне, а я **поехал** дальше в Бремен. |

sei

4. в косвенной речи для образования перфекта пассива:

| Der Ingenieur betonte, er **sei** dafür oft **kritisiert worden**. | Инженер подчеркнул, что его за это часто **критиковали**. |

5. в конструкции *es sei denn*, имеющей условное значение, **переводится** *разве только, разве что*:

| Ich schreibe ihm nicht mehr, **es sei denn**, er bittet mich um Verzeihung. | Я не буду ему больше писать, **разве только, что** он попросит у меня извинения. |

6. в конструкции *sei es*, имеющей уступительное значение, **переводится** *будь то, разве только что*:

| Unsere Wissenschaftler hatten große Leistungen, **sei es** in der Theorie oder in der Praxis. | Наши ученые имели большие достижения, **будь то** в теории или на практике. |

7. в оборотах:

sei es heute, sei es morgen	не сегодня, так завтра
Sei es heute, **sei es morgen**, ich muß es doch tun.	**Не сегодня, так завтра** / днем позже, днем раньше, но мне все же придется это сделать.
sei es, wie' sei!	будь, что будет. (погов.)

1. **sein** – **притяжательное местоимение** 3-го лица единственного числа мужского и среднего рода; склоняется в единственном числе как неопределенный артикль, а во множественном числе как прилагательное без артикля:

	Ед. число			Мн. число всех родов
	Муж.р.	Ср.р.	Жен.р.	
Им.	sein	sein	seine	seine
Вин.	seinen	sein	seine	seine
Дат.	seinem	seinem	seiner	seinen
Род.	seines	seines	seiner	seiner

sein

переводится *его, свой*:

Seine Wohnung liegt im zweiten Stock.	**Его** квартира находится на третьем этаже.
Er ist mit **seinem** Wagen gekommen.	Он приехал на **своей** машине.
Er hat **seinen** Bus verpaßt.	Он опоздал на **свой** автобус.

в качестве субстантивированного притяжательного местоимения,

переводится *свое*:

Er hat **das Seine** getan.	Он **свое** (дело) сделал.
Jedem **das Seine**.	Каждому **свое**. (погов.)

2. sein – глагол, основные формы: sein – war – gewesen; имеет особенности спряжения:

Ед. число		Мн. число	
ich	bin	wir	sind
du	bist	ihr	seid
er, sie	ist	sie, Sie	sind

Употребляется:

1. как глагол-связка в составе именного сказуемого, в настоящем времени обычно не переводится:

Mein Bruder **ist** Journalist.	Мой брат журналист.
Das Wetter heute **ist** herrlich.	Погода сегодня прекрасная.
Die Tür **war** geschlossen.	Дверь **была** закрыта.

2. как полнозначный глагол,

переводится *быть, находиться*:

Die Kinder **sind** im Park.	Дети **находятся** в парке.
Ab ersten **sind** wir im Urlaub.	С первого мы (**будем**) в отпуске.

3. как полнозначный глагол,

переводится *быть, бывать, происходить*:

sein

Das **war** im Winter vorigen Jahres.	Это **было** / случилось зимой прошлого года.
Heute **ist** es wohl nichts mit unserem Spaziergang.	Сегодня из нашей прогулки наверное ничего не **выйдет**.
Was **sein** muß, **muß sein**.	Что должно **быть**, того не миновать. (погов.)
Muß das **sein**?	Разве это необходимо?
Das kann (doch) nicht wahr **sein**!	Этого не может **быть**!
Sein oder **Nichtsein**, das ist hier die Frage.	**Быть** или **не быть**, вот в чем вопрос. (цитата)

4. как вспомогательный глагол в составе глагольного сказуемого в перфекте и плюсквамперфекте актив или пассив:

Wir **sind** mit einer kleinen Verspätung **angekommen**.	Мы **прибыли** с небольшим опозданием.
Wo **ist** Ihr Sohn? – Er **ist** bei den Eltern **geblieben**.	Где ваш сын? – Он **остался** у родителей.
Die Autobahn **ist** bis zur Stadt N. **verlängert worden**.	Автострада **продлена** до города Н.

5. в безличных предложениях, не переводится:

Es **ist** schon spät.	Уже поздно.

6. с частицей zu и инфинитивом, имеет модальное и пассивное значение:

Er **ist** durch niemanden **zu ersetzen**.	Его **нельзя** никем **заменить**.
Darauf **ist** nichts **zu erwidern**.	На это ничего **нельзя возразить**.

1. seit – предлог, требует дательного падежа;

Употребляется:

1. для обозначения какого-либо момента в прошлом, **переводится с** (часто без артикля):

Seit Mittwoch ist sie im Urlaub.	Со среды она в отпуске.
Seit wann kennen Sie ihn?	С каких пор вы его знаете?

2. для обозначения длительности действия, **переводится** уже..., как, в течение:

sich

Er studiert hier schon **seit** zwei Jahren.	Он учится здесь **уже** два года.
Wir haben uns **seit** langem nicht gesehen.	Мы **уже** давно не виделись.

2. seit – союз, вводит придаточные предложения времени,

переводится *с тех пор как*:

Seit ich sie kenne, hat sie sich wenig verändert.	**С тех пор как** я ее знаю, она мало изменилась.

1. seitdem – подчинительный союз, вводит придаточные предложения времени, обозначает одновременное действие, которое началось в прошлом и продолжается до сих пор; временные формы в главном и придаточном предложениях, как правило, одинаковые,

переводится *с тех пор как* (см. *seit*)

Seitdem ich bei dieser Firma bin, habe ich wenig Freizeit.	**С тех пор как** я на этой фирме, у меня мало свободного времени.

2. seitdem – наречие времени

переводится *с тех пор*:

Er war damals auf der Konferenz, **seitdem** habe ich ihn nicht mehr gesehen.	Он был тогда на конференции, **с тех пор** я его не видел.

sich – возвратное местоимение 3-го лица единственного и множественного числа; соответствует в русском языке частице -ся или -сь, пишется раздельно с глаголом;

Употребляется:

1. с возвратными глаголами:

Er hat **sich** schnell angezogen.	Он быстро оделся.
Sie hat **sich** gut erholt.	Она хорошо отдохнула.

sich

2. в качестве дополнения с возвратными и другими глаголами,
   переводится *себя, себе:*

Er kaufte **sich** einen neuen Trainingsanzug.	Он купил **себе** новый тренировочный костюм.
Sie war außer **sich** vor Wut.	Она была вне **себя** от гнева (злости).
Nun, was haben Sie **sich** gekauft?	Ну, что вы **себе** купили?

3. в значении взаимности,
   переводится *друг друга:*

Sie trafen **sich** nicht sehr oft.	Они встречали **друг друга** / встречались не очень часто.
Sie lieben **sich** sehr.	Они очень любят **друг друга**.

4. в повелительном наклонении:

Fürchten Sie **sich** nicht!	Не бой**тесь**!

5. с глаголом lassen в модальном и пассивном значении (см. *lassen*),
   переводится *можно + соответствующий глагол:*

Das **läßt sich** machen.	Это **можно** сделать.
Das **läßt sich** nicht beschreiben.	Это **нельзя** описать.

sie – личное местоимение 3-го лица единственного числа, женского рода и 3-го лица множественного лица всех родов; склоняется следующим образом:

	Ед. число	Мн. число всех родов
Им.	sie	sie
Вин.	sie	sie
Дат.	ihr	ihnen
Род.	ihrer	ihrer

Употребляется:

1. как замена существительного, названного в предыдущем предложении; перевод зависит от рода соответствующего существительного в русском языке:

so daß

Das ist unsere Sekretärin, **sie** erledigt alles.	Это наш секретарь (женщина), **она** все сделает.
Die Brücke ist gesperrt, weil **sie** zur Zeit renoviert wird.	Мост закрыт для движения, так как **его** сейчас ремонтируют.
Sie wird das verantworten.	**Она** ответит за это.

2. как замена существительного, упомянутого ранее во множественном числе,

переводится ОНИ:

Da kommen **sie** endlich!	Вот **они** наконец идут!
Wo sind die Kinder? – **Sie** sind jetzt in der Schule.	А где дети? – **Они** сейчас в школе.

Sie – личное местоимение 3-го лица множественного числа, форма вежливости, употребляется как по отношению к одному лицу, так и к нескольким лицам, пишется с заглавной буквы (*склонение см. sie*),

переводится ВЫ:

Kommen **Sie** mit?	**Вы** поедете с нами?
Können **Sie** mich morgen anrufen?	**Вы** можете мне завтра позвонить?
Ich kann Sie (vom Bahnhof) abholen.	Я могу **вас** встретить (на вокзале).

so daß – подчинительный союз, вводит придаточные предложения следствия, являющиеся результатом предыдущего действия; предложения с этим союзом следует, как правило, за главным предложением; если в главном предложении есть наречие или прилагательное, то so ставится часто перед ним,

переводится ТАК ЧТО:

Die Operation war geglückt, **so daß** ich schon nach einer Woche gehen konnte.	Операция была удачной, **так что** через неделю я уже мог ходить.
Es war schon **so** spät, **daß** kein Bus mehr fuhr.	Было уже **так** поздно, **что** ни один автобус уже не ходил.

so daß

Der Abend war **so** schön, **daß** niemand auseinandergehen wollte.	Вечер был **так** хорош, **что** никто не хотел уходить / не хотелось расходиться.

so...wie – грамматическая конструкция, используется при сравнении, при этом прилагательное или наречие стоит в положительной степени,

переводится *так же как*:

Er läuft **so** gut, **wie** er springt.	Он бегает **также** хорошо, **как** и прыгает.

sobald – подчинительный союз, вводит придаточные предложения времени, служит для выражения действия, предшествующего действию главного предложения; если в придаточном предложении употребляется перфект, в главном стоит, как правило, презенс; если в придаточном употребляется плюсквамперфект, то в главном стоит претерит,

переводится *как только, едва*:

Sobald ich zu Hause bin, rufe ich an.	**Как только** я буду дома, я позвоню.
Sobald ich ihn gesehen hatte, trat ich auf ihn zu.	**Как только** я его увидел, я подошел к нему.
Sobald sie ein Buch gelesen hat, beginnt sie gleich ein anderes.	**Как только / Едва** она прочитает одну книгу, сразу начинает читать другую.

solange – подчинительный союз, вводит придаточные предложения времени; служит для выражения одновременности действия; временные формы в главном и придаточном предложении одинаковы,

переводится *пока, в то время как*:

Solange ich krank bin, kann ich nicht trainieren.	**Пока** я болен, я не могу тренироваться.
Ich muß das machen, **solange** ich (noch) Urlaub habe.	Я должен это сделать, **пока** у меня (еще) отпуск.

sollen

solcher, solches, solche – указательное местоимение, указывает на качество или вид лица или предмета;

склоняется как определенный артикль:

	Ед. число			Мн. число всех родов
	Муж.р.	Ср.р.	Жен.р.	
Им.	solcher	solches	solche	solche
Вин.	solchen	solches	solche	solche
Дат.	solchem	solchem	solcher	solchen
Род.	solches	solches	solcher	solcher

прилагательные после solche имеют слабые окончания;

переводится *такой*;

Употребляется:

1. как замена определенного артикля:

Mit **solchen** Sachen wollte er nicht zu tun haben.	С **такими** вещами он не хотел иметь ничего общего / никакого дела.
Das Ergebnis **solcher** Entwicklung war katastrophal.	Результат **такого** развития был катастрофичным.

2. после определенного артикля склоняется как прилагательное:

Ein **solches** Auto wird viel Geld kosten.	**Такая** машина будет стоить много денег.

3. перед неопределенным артиклем употребляется краткая форма solch, которая часто заменяется словом so:

Bei **solch** einem / Bei so einem Wetter dürfen wir nicht zu Hause bleiben.	При **такой** погоде мы не сможем оставаться дома / нам нельзя.

sollen – модальный глагол

основные формы: sollen – sollte – gesollt;

Как и все модальные глаголы имеет особенности спряжения:

sollen

	Презенс	Претерит	Конъюнктив I	Конъюнктив II
ich	soll	sollte	solle	sollte
du	sollst	solltest	sollest	solltest
er, sie	soll	sollte	solle	sollte
wir	sollen	sollten	sollen	sollten
ihr	sollt	solltet	sollet	solltet
sie, Sie	sollen	sollten	sollen	sollten

переводится _долженствовать_ (в силу установленного порядка, совета и т.п.) (см. также _müssen_);

Употребляется:

1. для выражения долженствования:

   *Sie **sollen** das nicht tun.* — Вы не **должны** / Вам не **следует** этого делать.

   *Du **sollst** dich schämen!* — Тебе **должно** быть стыдно / Постыдись!

   *Du **sollst** nich töten!* — Не убий! (заповедь)

2. для выражения приказания, чьей-либо рекомендации (часто в конъюнктиве):

   *Der Chef sagte, Sie **sollen** warten.* — Начальник сказал, чтобы вы подождали.

   *Du **solltest** der Mutter helfen, statt fernzusehen.* — Тебе **бы надо было** помочь матери, а не смотреть телевизор.

3. с прямым дополнением:

   *Du hast das nicht **gesollt**.* — Тебе **не следовало** так (поступать).

4. для выражения возможности, вероятности (часто в конъюнктиве):

   ***Sollte** es so kommen, rufe mich.* — Если это **будет так**, то позови меня.

   ***Sollten** wir uns nicht mehr wiedersehen, so wünsche ich Ihnen jetzt schon viel Erfolg.* — Если мы не увидимся, то я желаю вам уже сейчас удачи.

sonst

5. для выражения неуверенного высказывания со ссылкой на чужое мнение (с инфинитивом I или II, если речь идет о прошедших событиях):

Er **soll nicht** mehr in Berlin **sein**.	**Говорят**, что его больше **нет** в Берлине.
Sie **soll** Selbstmord **begangen haben**.	**Говорят**, что она **покончила жизнь самоубийством**.

sondern – сочинительный союз, употребляется как с однородными членами предложения, так и в сложносочиненном предложении, имеет значение противопоставления;

переводится *но, а* (после отрицания); в последнем случае после sondern стоит подлежащее:

Diese Reise ist nicht billig, **sondern** ziemlich teuer.	Эта поездка не дешевая, **а** довольно дорогая.
Das Kleid war nicht gelb, **sondern** grün.	Платье было не желтым, **а** зеленым.
Wir zahlten nicht bar, **sondern** überwiesen den Betrag.	Мы заплатили не наличными, **а** перевели сумму.
Wir wollten keinen Rast mehr machen, **sondern** gingen weiter.	Мы не хотели больше делать остановку, **а** пошли дальше.
Ich mache keinen Urlaub in Italien, **sondern** ich arbeite lieber in meinem Garten.	Я не проведу отпуск в Италии, **а** буду лучше работать в своем саду.

(см. также nicht nur, sondern auch).

1. sonst – подчинительный союз

переводится *иначе, в противном случае, а то*:

Es ist etwas passiert, **sonst** wäre er bestimmt gekommen.	Наверняка что-то случилось, **иначе / а то** бы он обязательно пришел.
Mach das jetzt, **sonst** ist es zu spät.	Сделайте это сейчас, **иначе** будет поздно.

2. sonst – наречие

переводится *кроме того, еще*:

sonst

(Möchen Sie) **sonst** noch etwas?	(Вы хотите) **еще** что-нибудь?
Wird **sonst** jemand kommen?	**Еще** кто-нибудь придет?

sowohl..., als auch – парный союз

употребляется как с однородными членами предложения, так и соединяет самостоятельные предложения; вместо als употребляется иногда wie,

переводится *как..., так и...*:

Sowohl meine Frau, **als auch** mein Vater waren verreist.	**Как** моя жена, **так и** отец были в отъезде.
Sowohl in Deutschland, **als auch** in Frankreich hat er viele Freunde.	**Как** в Германии, **так и** во Франции у него много друзей.
Sowohl er, **wie auch** ich nahmen an der Konferenz teil.	**Как** он, **так и** я принимали участие в конференции.

1. statt – предлог, требует родительного падежа,

переводится *вместо*:

Statt einer Karte schrieb sie einen langen Brief.	**Вместо** открытки она написала длинное письмо.
Er fuhr **statt** meiner nach Schweden.	Он поехал **вместо** меня в Швецию.

2. statt – подчинительный союз,

переводится *вместо того, чтобы*:

Употребляется:

1. с инфинитивом и частицей zu:

Er ging in die Diskothek, **statt** das Programm noch einmal **zu** überprüfen.	Он пошел в дискотеку, **вместо того чтобы проверить** еще раз программу.

2. в сочетании с союзом daß в придаточных предложениях образа действия, когда в главном и придаточном предложении разные подлежащие:

Statt daß er mir alles selbst erzählte, mußte das sein Freund tun.	**Вместо того чтобы** рассказать мне все самому, это был вынужден сделать его друг.

trotz – предлог, требует родительного падежа, переводится *несмотря на, вопреки*:

Trotz des Nebels stiegen wir weiter hinauf.	**Несмотря на** туман мы продолжали подниматься вверх.
Trotz alledem / allem blieben sie Freunde.	**Несмотря** ни **на** что они остались друзьями (зд. дательный падеж, как более старая форма).

1. trotzdem – наречие, переводится *несмотря на это*;

Употребляется:

для выражения какого-либо обстоятельства:

Er riet mir ab, aber ich tat es **trotzdem**.	Он мне отсоветовал, но **несмотря на это** я так сделал / поступил.
Trotzdem ist es mir nicht leichtgefallen.	**Несмотря на это** мне было нелегко.

2. trotzdem – союз, который в отличие от obwohl (см. *obwohl*) стоит в главном предложении, переводится *несмотря на это*:

Es ging ihr schlecht, **trotzdem** erledigte sie ihre Arbeit.	Она чувствовала себя плохо, **несмотря на это** она выполняла свою работу.

tun – глагол, основные формы: tun – tat – getan, имеющий особенности спряжения:

	Презенс	Претерит	Конъюнктив I	Конъюнктив II
ich	tue	tat	tue	täte
du	tust	tat(e)st	tuest	tätest
er, sie	tut	tat	tue	täte
wir	tun	taten	tuen	täten
ihr	tut	tatet	tuet	tätet
sie, Sie	tun	taten	tuen	täten

tun

переводится <u>делать, сделать, поступать</u>;

Употребляется:

1. в значении делать, поступать:

| Was soll ich **tun**? | Что мне **делать**? |

2. в сочетании с частицей zu и глаголом haben, переводится <u>иметь дела, быть занятым:</u>

| **Haben** Sie heute viel **zu tun**? | У вас сегодня **много дел** / Вы сегодня заняты? |
| Er **hat nichts zu tun**. | Ему **нечего делать**. |

3. в значении класть, положить:

| Sie **tat** alles in die Handtasche. | Она **положила** все в сумочку. |

4. в значении иметь дело:

| Ich will damit nichts **zu tun haben**. | Я не хочу **иметь** с этим никакого дела / не имею к этому никакого отношения. |

5. в значении делать вид, что (с конъюнктивом):

| Sie **tat** (so), als sehe sie uns nicht. | Она **сделала вид**, что / как будто нас не видит. |
| Ich **tat** so, als ob ich nichts gehört hätte. | Я **сделал вид**, как будто ничего не слышал. |

über – предлог,

требует на вопрос где?, (wo?) дательного, а на вопрос куда? (wohin?) винительного падежа;

Употребляется:

1. для обозначения места, переводится <u>над</u>:

Über dem Tisch hing eine schöne moderne Lampe.	**Над** столом висела красивая современная лампа.
Das Mädchen ist **über** den Schularbeiten eingeschlafen.	Девочка заснула **над** домашними заданиями.
Der Sturm jagte **über** die Küste.	Буря пронеслась **над** побережьем.

über

2. для обозначения направления,

   переводится *через, по*:

   | Die Kinder schwammen **über** den Fluß. | Дети поплыли **через** реку. |
   | Die Demonstranten zogen **über** den Platz zum Rathaus. | Демонстранты шли **по** площади к зданию ратуши. |

3. для указания промежуточного пункта поездки (путешествия), как правило, без артикля,

   переводится *через*:

   | Der Zug fuhr nach Hamburg **über** Dortmund und Hannover. | Поезд шёл в Гамбург **через** Дортмунд и Ганновер. |

4. во временном значении для обозначения отрезка времени,

   переводится *через, в течение, за, на*:

   | Kommen Sie heute **über** zwei Wochen vorbei. | Заходите **через** две недели. |
   | Die Eltern kommen **übers** Wochenende. | Родители приедут **на** субботу и воскресенье. |

5. для обозначения превышения цифрового показателя,

   переводится *более, свыше, выше*:

Heute haben wir drei Grad **über** Null.	Сегодня три градуса **выше** нуля.
Er ist **über** vierzig.	Ему **за** сорок (лет).
Das kostet **über** DM 200.	Это стоит **более** двухсот марок.
Das ging **über** meine Kräfte.	Это было **свыше** моих сил.

6. для обозначения содержания (темы) рассказа, изложения и т.п., всегда с винительным падежом,

   переводится *о*:

   | **Über** diesen Vorfall gibt es verschiedene Meinungen. | **Об** этом случае есть различные мнения. |
   | Erzählen Sie uns **über** Ihre Reise nach Australien. | Расскажите нам **о** вашей поездке в Австралию. |

7. в оборотах:

   | über und über | весь, сплошь, совершенно |

über

Die Kinder waren **über und über** mit Farbe beschmiert.	Дети были **все** измазаны краской.
über Nacht	на ночь; сразу, вдруг
Wollen Sie sich nicht bei uns **über Nacht** bleiben?	Вы не хотите остаться **на ночь** у нас?
(längst) über alle Berge sein	исчезнуть; кого-либо и след простыл
Die Brandstifter **waren** längst **über alle Berge**.	Поджигателей давно и **след простыл**.

überm – слияние предлога über с артиклем dem (см. über)

übern – слияние предлога über с артиклем den (см. über)

übers – слияние предлога über с артиклем das (см. über)

1. um – предлог, требует винительного падежа;

Употребляется:

1. для выражения места, часто со вторым компонентом herum, **переводится** _вокруг, за_:

Um das Haus herum standen schöne Bäume.	**Вокруг** дома стояли красивые деревья.
Biegen Sie **um** die Ecke, da sehen Sie die Bushaltestelle.	Заверните **за** угол, там вы увидите остановку автобуса.
Die Post ist gleich **um** die Ecke.	Почта находится сразу **за углом**.
Er schlug wie wild **um** sich.	Он раздавал удары **направо и налево** как сумасшедший.

2. для выражения времени, **переводится** _в_:

Die Verhandlungen beginnen **um** 10 Uhr.	Переговоры начинаются в 10 часов.
Um diese Zeit ist er immer zu Hause.	**В** это время он всегда дома.

um

3. для выражения изменения числового показателя, переводится *на*:

Wir haben uns **um** drei Minuten verspätet.	Мы опоздали **на** три минуты.
Der Sohn ist **um** drei Jahre jünger.	Сын моложе **на** три года.
Die Preise stiegen **um** 20%.	Цены повысились **на** 20%.

4. для выражения последовательности, переводится *за*:

Er arbeitete an diesem Werk Jahr **um** Jahr.	Он работал над этим произведением год **за** годом.

5. для выражения потери:

Beim Unfall **kamen** fünf Menschen **ums Leben**.	При аварии **погибло** пять человек.
Das hat ihn **um** sein ganzes Vermögen gebracht.	Это **лишило** его всего состояния.

6. перевод может зависеть от управления соответствующего глагола:

bitten um...	просить чего-либо или о чем-либо
Darf ich (sie) **um** Ihre Papiere bitten?	Разрешите ваши документы?
Ich habe ihn **um** die Erlaubnis gebeten.	Я попросил у него разрешения.
Ich bitte **ums** Wort.	Прошу слова.

sorgen um...	заботиться, беспокоиться о ком-либо
Sie sorgte sehr **um** die Kinder.	Она очень беспокоилась **о** детях.

kämpfen um...	бороться за что-либо
Um diese Stadt wurde erbittert gekämpft.	**За** этот город шли ожесточенные бои.

um

2. um – наречие

Употребляется:

1. для выражения окончания действия:

Die Zeit **ist um**.	Время **истекло**.
Ich wartete, bis der Monat **um war**.	Я ждал, пока **кончится** месяц.

2. в значении иметь на себе (пишется часто слитно)

Sie **hatte** ein buntes Tuch **um**.	**На** ней **был** пестрый платок.

3. um – союз

Употребляется:

1. в инфинитивных оборотах цели при наличии одного и того же подлежащего,

   переводится чтобы (см. также damit):

Alle Kinder kamen, **um** dem Vater zum Jubiläum zu gratulieren.	Все дети пришли, **чтобы** поздравить отца с юбилеем.

2. в сочетании с je в составе парного союза вместо desto (см.),

   переводится тем:

Je schneller wir fuhren, **um** so weniger sahen wir die Gegend um uns.	Чем быстрее мы ехали, **тем** меньше мы смотрели на местность вокруг нас.

ums – слияние предлога um с артиклем das (см. um)

ungeachtet – предлог, требует родительного падежа,

переводится несмотря на:

Ungeachtet der Zwischenrufe sprach der Meister weiter.	**Несмотря на** реплики / возгласы с мест мастер продолжал говорить.

unser – притяжательное местоимение 1-го лица множественного числа, склоняется в единственном числе как неопределенный артикль, а во множественном числе как прилагательное без артикля:

unter

	Ед. число			Мн. число всех родов
	Муж.р.	Ср.р.	Жен.р.	
Им.	unser	unser	unsere	unsere
Вин.	unseren	unser	unsere	unsere
Дат.	unserem	unserem	unserer	unseren
Род.	unseres	unseres	unserer	unserer

переводится _наш, свой_:

Das ist nicht **unser** Gepäck.	Это не **наш** багаж.
Unsere Freizeit verbringen wir gern im Grünen.	**Свое** свободное время мы любим проводить за городом.
Das ist das Auto **unserer** Freunde.	Это автомашина **наших** друзей.

unserm – сокращенная форма от unserem (см. *unser*)

unsern – сокращенная форма от unseren (см. *unser*)

unsers – сокращенная форма от unseres (см. *unser*)

unsrem – сокращенная форма от unserem (см. *unser*)

unsren – сокращенная форма от unseren (см. *unser*)

unsres – сокращенная форма от unseres (см. *unser*)

unter – предлог, требует на вопрос где? (wo?) дательного, а на вопрос куда? (wohin?) винительного падежа;

Употребляется:

1. для обозначения места,

   переводится _под_:

Ich stellte die Tasche **unter** den Tisch.	Я поставил сумку **под** стол.
Das Thermometer zeigt 6 Grad **unter** Null.	Термометр показывает 6 градусов **ниже** нуля.
Seine Eltern sind schon längst **unter** der Erde.	Его родители давно уже умерли. (досл. **под** землей).

unter

2. для обозначения лиц, или предметов, находящихся среди других (всегда с дательным падежом),
   переводится *среди, между:*

Gibt es **unter** den Passagieren einen Arzt?	Есть ли **среди** пассажиров врач?
Hier sind wir **unter uns/sich**.	Здесь мы **одни**.
Das werden sie **unter** sich ins reine bringen.	Это они уладят **между** собой.
Unter anderem erklärte er folgendes.	**Между** прочим, он заявил следующее.

3. для обозначения времени или количества,
   переводится *меньше, менее:*

Der Film ist für Kinder **unter** 14 Jahren nicht geeignet.	Фильм не предназначен / не рекомендуется для детей **моложе** 14 лет.

4. для выражения условия, при которых что-либо происходит,
   переводится *при, под:*

Es war schwer, **unter** solchen Bedingungen zu arbeiten.	Было трудно работать **в** таких условиях.
Das war **unter** großen Schwierigkeiten erreicht.	Это было достигнуто **с** большими трудностями.
Sie litt **unter** Kälte.	Она страдала **от** холода.

5. в оборотах:

unter vier Augen	с глазу на глаз
Darüber möchte ich **unter vier Augen** sprechen.	Об этом я хотел бы поговорить **с глазу на глаз**.
unter der Hand (verkaufen)	из-под полы (продавать)
Rauschgift wird **unter der Hand** gehandelt.	Наркотиками торгуют **из-под полы**.
unter Kontrolle bringen	поставить под контроль
Es war nur mit Mühe gelungen, den Brand **unter Kontrolle zu bringen**.	Лишь с трудом удалось **локализовать** пожар.

unter den Teppich kehren	замолчать, замаскировать, скрыть
Sie versuchten, diese Panne unter den Teppich zu kehren.	Они пытались замолчать / **скрыть** эту аварию.
unter den Paragraphen fallen	подпадать под параграф
*Das Verbrechen fällt **unter** den Paragraphen...*	Преступление подпадает **под** параграф...

unterm – слияние предлога unter с артиклем dem *(см. unter)*

untern – слияние предлога unter с артиклем den *(см. unter)*

unters – слияние предлога unter с артиклем das *(см. unter)*

unweit – предлог, требует родительного падежа, переводится **недалеко от:**

*Das neue Sportzentrum liegt **unweit** des Stadions.*	Новый спортивный центр расположен **недалеко от** стадиона.

viel – неопределенное наречие, имеет неправильные степени сравнения: viel – mehr – am meisten употребляется как с глаголами, так и с существительными в единственном числе, являющимися именами собирательными, переводится **много:**

*Ich habe **nicht viel** Zeit.*	У меня **немного** времени.
*So **viel** Geld habe ich nicht.*	Так **много** денег у меня нет.
*Jetzt fühlt sie sich **viel** besser.*	Теперь она чувствует себя **намного** лучше.
*Das Hemd ist dir **viel** zu klein.*	Рубашка тебе **слишком мала**.
*Ich habe nie so **viel** gearbeitet wie jetzt.*	Я никогда не работал так **много** как сейчас.
*Ich wünsche Ihnen **viel** Glück.*	Желаю вам **много** счастья.
*Was kann dabei schon **viel** passieren?*	Что там может **такое (особенное)** случиться?

viele

viele – неопределенное местоимение,

употребляется самостоятельно, с существительными во множественном числе, а также с прилагательными; склонение только во множественном числе:

Им.	viele
Вин.	viele
Дат.	vielen
Род.	vieler

переводится <u>многие, много</u>;

Употребляется:

1. в единственном числе как замена существительного среднего рода, может иметь падежные окончания -em в дательном падеже и -es в именительном и винительном падежах:

Wir sind mit **vielem** nicht einverstanden.	Мы со **многим** не согласны.
In **vielem** hat er recht.	Во **многом** он прав.
Aus dem Gespräch habe ich **vieles** erfahren.	Из разговора я **многое** узнал.

2. как замена существительного во множественном числе, переводится <u>многие</u>:

Darüber haben **viele** schon geschrieben.	Об этом **многие** уже писали.

3. с существительным во множественном числе; если к нему относится прилагательное, то оно имеет окончания сильного склонения:

Er war nur einer unter **vielen**.	Он был лишь один среди **многих**.
Viele schöne Bilder schmückten die Wände.	**Много** красивых картин украшало стены.

4. с прилагательным, которое имеет окончания и пишется с заглавной буквы.

Viel Neues haben wir dort nicht erfahren.	**Много** нового мы там не узнали.

von

vom – слияние предлога von с артиклем dem *(см. von)*

von – предлог, требует дательного падежа;

Употребляется:

1. для обозначения места,

переводится **с, от, из:**

Er ist erst gestern **von** der Reise zurückgekehrt.	Он только вчера вернулся **из** поездки.
Von hier sind es noch 20 Kilometer bis zur Stadt.	Отсюда до города еще 20 километров.
Der Wind weht **von** Norden.	Ветер дует **с** севера.

2. для обозначения времени или даты,

переводится **с, от:**

Ihren Brief **vom** 5. April habe ich erst heute bekommen.	Ваше письмо **от** пятого апреля я получил только сегодня.
Ich werde **von** Montag bis Donnerstag fehlen.	Меня не будет **с** понедельника до четверга.
Der Computer arbeitet **von** früh bis spät.	Компьютер работает **с** утра до вечера.

3. в сочетании с другими предлогами:

a. <u>von ... ab</u> для указания направления от какого-либо пункта:

Von dort **ab** finden Sie leicht den Weg bis zum Park.	Оттуда вы легко найдете дорогу к парку.

b. <u>von ... aus</u> для указания места, исходя из какого-либо пункта:

Von dem Turm **aus** hat man eine schöne Aussicht auf die Stadt.	С башни открывается красивый вид на город.

c. <u>von ... an</u> для указания начала какого-либо действия

Von 4 Uhr **an** fahren die Busse alle 10 Minuten.	**Начиная с** четырех часов автобусы курсируют каждые 10 минут.
Von Anfang **an** wollte er zum Studium nach Österreich fahren.	**С самого начала** он хотел поехать учиться в Австрию.

4. для выражения действующего лица в пассивных предложениях,

von

переводится *творительным падежом:*

Der Brief wurde **von** seinem Vater geschrieben.	Письмо было написано его **отцом**.
Der Mensch lebt nicht **vom Brot** allein.	**Не хлебом** единым сыт человек. (погов.)

5. вместо родительного падежа, когда существительное употреблено без артикля или является именем собственным:

Er ist Mann **von** Charakter.	Он человек **с характером**.
Wir konnten die Sehenswürdigkeiten **von** München besichtigen.	Мы могли осмотреть достопримечательности **Мюнхена**.
Zwischen uns war der Abstand **von** 5 Metern.	Между нами было расстояние **в 5 метров**.

6. для выражения дворянского титула,

переводится *фон:*

Einer von den Führern der Bauern war Götz **von** Berlichingen.	Одним из вождей крестьян был Гец **фон** Берлихинген.

7. в сочетании с глаголами sprechen *говорить* и berichten *сообщать, докладывать,*

переводится *о:*

Wir berichteten **von** unserer Reise in die Schweiz.	Мы сообщили **о** своей поездке в Швейцарию.

vor – предлог, требует на вопрос где? (wo?) дательного, а на вопрос куда? (wohin?) винительного падежа;

Употребляется:

1. для выражения места,

переводится *перед:*

Der Bus hält direkt **vor** der Post.	Автобус останавливается прямо **перед** почтой.
Vor mir stand ein Mann mit einem großen Koffer.	**Передо** мной стоял мужчина с большим чемоданом.
Stellen Sie das Fahrrad **vor** die Balkontür.	Поставьте велосипед **перед** балконной дверью.

vor

2. для выражения времени (с дательным падежом), переводится <u>перед, до, без, тому назад:</u>

Es ist fünf Minuten **vor** zwölf.	(Сейчас) **без** пяти двенадцать.
Kurz **vor** der Abreise hat er mich angerufen.	Незадолго **до** отъезда он мне позвонил.
Das letzte Mal war er hier **vor** zwei Jahren.	Последний раз он был здесь два года **тому назад**.
Vor kurzem haben wir uns wieder getroffen.	**Недавно** мы встретились снова.

3. для выражения причины, переводится <u>от, с:</u>

Vor Angst konnte sie kein Wort sagen.	**От** страха она не могла сказать ни слова.
Die Frau weinte **vor** Freude.	Женщина плакала **от** радости.

4. в оборотах:

<u>vor allem</u>	прежде всего, в первую очередь
Vor allem war das Gespräch nützlich.	**В первую очередь** разговор был полезным.
<u>vor allen Dingen</u>	прежде всего, в первую очередь
Wir wollten **vor allen Dingen** das vermeiden.	Мы хотели **прежде всего** этого избежать.
<u>vor Ankel liegen</u>	стоять на якоре
Wir **lagen vor Anker** im Hafen von Helsinki.	Мы **стояли на якоре** в порту Хельсинки.
<u>nach wie vor</u>	по-прежнему
Spielt er **nach wie vor** Schach?	Он **по-прежнему** играет в шахматы?
<u>vor Gericht bringen / kommen</u>	подать в суд / рассматривать в суде
Die Sache **kommt vor** Gericht.	Дело будет **рассматриваться в суде**.
<u>vor Christi Geburt (v. Chr.)</u>	до Рождества Христова

vor

Das war im 2. Jahrhundert **vor Christi Geburt** / Christus.	Это было во II веке **до Рождества Христова**.
ein Brett vor dem Kopf haben	туго соображать, быть тупым
In praktischen Dingen war er geschickt, aber in der Theorie **hatte** er **ein Brett vor dem Kopf**.	В вопросах практики он был умелым, но в теории **туповат**.
vor die Hunde gehen	пропасть; прогореть
Bei solchem Geschäft kann man leicht **vor die Hunde gehen**.	В такой сделке можно легко **прогореть**.
kein Blatt vor den Mund nehmen	не стесняться в выражениях, говорить напрямик
Gegenüber diesem Kollegen brauchte ich **kein Blatt vor den Mund zu nehmen**.	С этим коллегой я мог **говорить начистоту** / напрямик.
vor den Kopf schlagen	задевать (за живое), оскорблять, огорчать
Sie verheimlichte das, um den Vater nicht **vor den Kopf zu schlagen**.	Она скрыла это, чтобы не **задевать за живое** / огорчать отца.

vorm – слияние предлога vor с артиклем dem (см. vor)

vors – слияние предлога vor с артиклем das (см. vor)

1. während – предлог, требует родительного падежа, переводится *во время, в течение:*

Während der Nacht regnete es einige Male.	**В течение** ночи несколько раз шел дождь.
Das habe ich erst **während** des Gespräches mit ihm erfahren.	Об этом я узнал только **во время** разговора с ним.

2. während – подчинительный союз, вводит придаточные предложения времени, действия придаточного и главного предложений протекают одновременно, временные формы в обоих предложениях одинаковы, переводится *в то время как, пока:*

| Während wir fernsahen, hantierten die Frauen in der Küche. | **В то время как / Пока** мы смотрели телевизор, женщины хлопотали на кухне. |

Иногда союз während может употребляться при противопоставлении:

| Ich wollte nichts als schlafen, **während** sich meine Freunde fertig machten, um in die Diskothek zu gehen. | Я хотел только спать, **а** мои друзья собирались идти в дискотеку. |

wann – вопросительное слово,

Употребляется:

1. в простых вопросах,

    переводится *когда:*

    | **Wann** fahren Sie nach Hamburg? | **Когда** вы едете в Гамбург? |

2. в сочетании с наречием dann,

    переводится *изредка, время от времени:*

    | **Dann und wann** besuchte ich ihn im Krankenhaus. | **Время от времени** я навещал его в больнице. |

3. в сочетании с предлогами seit,

    переводится *с каких пор* и bis *до каких пор:*

    | **Seit wann** sind Sie hier? | **С каких пор** вы здесь? |
    | **Bis wann** ist die Ausstellung geöffnet? | **До каких пор** выставка открыта? |

4. в качестве подчинительного союза в придаточных предложениях, содержащих косвенный вопрос:

    | Niemand konnte mir sagen, **wann** er zurückkommt. | Никто не мог мне сказать, когда он вернется. |

war – форма претерита глагола sein *быть, являться;*

формы спряжения:

war

Ед. число		Мн. число	
ich	war	wir	waren
du	warst	ihr	wart
er, sie	war	sie, Sie	waren

Употребляется: *(см. также sein)*

1. как полнозначный глагол:

| Ich **war** im Auto und konnte ihr Gespräch nicht hören. | Я **был** в машине и не мог слышать их разговора. |

2. как глагол-связка в составе именного сказуемого:

| Mein Vater **war** ein guter Fachmann. | Мой отец **был** хорошим специалистом. |
| Das **war** vor zwei Jahren. | Это **было** два года тому назад. |

3. в безличных предложениях, не переводится:

| Es **war** schon spät, als wir uns verabschiedeten. | Было уже поздно, когда мы попрощались. |

4. с частицей zu и инфинитивом, имеет модальное и пассивное значение:

| Das **war nicht zu ertragen**. | Это **было невыносимо** / этого нельзя было выносить. |
| Der Wagen **war nicht** mehr **zu reparieren**. | Машину уже **нельзя было починить**. |

5. при образовании плюсквамперфекта от глаголов, образующих эту форму с вспомогательным глаголом sein (глаголы движения, перемены состояния, а также sein, bleiben, и werden),
переводится только смысловой глагол:

Nachdem er dort **geblieben war**, sahen wir uns nicht wieder.	После того как он **остался** там, мы не виделись.
Was aus ihm **geworden war**, erfuhr ich erst später.	Что с ним **стало**, я узнал только позже.
Sie konnte nicht sagen, wann das **gewesen war**.	Она не могла сказать, когда это **было**.
Als sie **weggegangen war**, schwiegen alle.	После того / Когда она **ушла**, все молчали.

6. при образовании плюсквамперфекта пассив в сочетании с глаголом worden, который стоит в конце предложения, **переводится** только смысловой глагол:

| In der Zwischenzeit **war** hier eine Straße **gebaut worden**. | За это время здесь **была проложена** (новая) дорога. |

warum – вопросительное слово,

переводится *почему, отчего;*

Употребляется:

1. в простых вопросах:

| **Warum** bist du gestern nicht gekommen? | **Почему** ты вчера не пришел? |

2. в качестве подчинительного союза в придаточных предложениях, содержащих косвенный вопрос:

| Sie fragte, **warum** ich so selten anrufe. | Она спросила, **почему** я так редко звоню. |

was – вопросительное местоимение,

переводится *что:*

Употребляется:

1. в простом вопросе, относящемся к неодушевленным предметам:

Was hat er erzählt?	**Что** он рассказывал?
Was ist los?	**Что** случилось?
Was kostet dieser Anzug?	**Сколько** стоит этот костюм?

2. часто как сокращенная форма от etwas; в этом значении **переводится** *что-либо, что-то:*

| Hast du **was** Neues / **etwas** Neues erfahren? | Ты узнал **что-либо** новое? |

3. при вопросе о профессии человека;
переводится *кто:*

was

Was sind Sie (von Beruf)?	**Кто** вы по профессии?

4. в сочетании с предлогом für и неопределенным артиклем (см. für), при этом артикль часто отрывается от вопросительного слова,

переводится <u>какой, что за</u>:

Was für eine Farbe soll das Auto haben?	Какой цвет должна иметь машина?
Was bist du für ein Faulpelz!	Какой же ты лентяй!

5. в качестве подчинительного союза в придаточных предложениях, содержащих косвенный вопрос:

*Du weißt selbst nicht, **was** du willst.*	Ты сам не знаешь, **чего** ты хочешь.

wegen – предлог, требует родительного падежа,

переводится <u>из-за, благодаря, ради</u>;

Употребляется:

1. как перед существительным, так и после него:

*Er wurde **wegen** Mangels an Beweisen freigesprochen.*	Он был оправдан **за** недостаточностью улик.
*Sie hat das des Kindes **wegen** getan.*	Она сделала это **ради** ребенка.

2. в сочетании с предлогом von

переводится <u>по долгу службы, официально</u>:

*Er tat das **von Amts wegen**.*	Он сделал это **по долгу службы**.

3. в обороте von wegen!, выражающем противоречие, возражение,

переводится <u>откуда!, ни в коем случае!, ничего подобного!</u>:

*Ich habe gehört, daß er ein Haus baut. – **Von wegen!** Er hat gar nicht so viel Geld.*	Я слышал, что он строит дом – **Откуда / Ничего подобного!** У него нет столько денег.

welcher

weil – подчинительный союз, вводит придаточные предложения причины,

переводится *потому что, так как:*

| Weil schönes Wetter war, gingen wir in die Berge. | Так как была хорошая погода, мы пошли в горы. |
| Er kam zu spät, **weil** er eine Panne hatte. | Он опоздал, **так как** у него была авария. |

weiß – форма 1-го и 3-го лица единственного числа глагола wissen *знать;* (см. *wissen*);

Употребляется:

1. в основном значении, часто с прямым дополнением:

| **Weiß** er das schon? – Das **weiß** ich noch nicht. | Он это уже **знает**? – Я этого еще не **знаю**. |

2. в сочетании с частицей zu и инфинитивом другого глагола, переводится *уметь:*

Sie **weiß** mit den Kindern **umzugehen**.	Она **умеет** обращаться с детьми.
Er **weiß** sich **zu helfen**.	Он **умеет / может** себе помочь.
Sie **weiß** schöne Musik zu **schätzen**.	Она **умеет** ценить хорошую музыку.
Er tat so, als ob die Sache wer **weiß wie** wichtig sei.	Он делал вид, как будто дело **очень важное**.

1. welcher – вопросительное слово, склоняется как определенный артикль:

	Ед. число			Мн. число всех родов
	Муж.р.	Ср.р.	Жен.р.	
Им.	welcher	welches	welche	welche
Вин.	welchen	welches	welche	welche
Дат.	welchem	welchem	welcher	welchen
Род.	welches	welches	welcher	welcher

welcher

заменяет артикль; прилагательное после welcher имеет слабые окончания,

переводится *какой, который;*

Употребляется:

1. в простом вопросе:

Welcher Film hat dir am besten gefallen?	**Какой** фильм понравился тебе больше всего?
Da sind zwei Computer. **Welcher** ist besser?	Вот два компьютера, **какой** из них лучше?
Für **welche** Mannschaft spielst du jetzt?	За **какую** команду ты теперь играешь?
Mit **welcher** alten Frau haben Sie gesprochen?	С **которой** пожилой женщиной вы говорили?

2. как замена существительного:

Welches von diesen Angeboten halten Sie für annehmbar?	**Какое** из этих предложений вы считаете приемлемым?

3. в качестве подчинительного союза в придаточных предложениях, содержащих косвенный вопрос:

Das Auto, **welches** ich gern kaufen möchte, kostet sehr viel Geld.	Машина, **которую** я хотел бы купить, стоит очень дорого.

2. welcher – неопределенное местоимение, употребляется часто в краткой форме,

переводится *некоторые, кое-кто, что-то:*

Dort waren **welche**, die ich gar nicht kannte.	Там были **некоторые**, которых я совсем не знал.
Ich habe keine Zigaretten, hast du **welche**?	У меня нет сигарет, у тебя есть (сигареты)?
Welche von uns sind schon hingefahren.	**Некоторые** из нас уже поехали туда.
Welch eine Überraschung!	**Какой** сюрприз!

wem – вопросительное местоимение в дательном падеже,

переводится *кому* (см. *wer*);

wenig

Употребляется:

1. в простом вопросе, относящемся к одушевленным предметам мужского и женского рода:

Wem hast du die Schlüssel gegeben?	**Кому** ты дал ключи?
Mit **wem** spreche ich?	С **кем** я разговариваю?

2. в качестве подчинительного союза в придаточных предложениях, содержащих косвенный вопрос:

Ich weiß nicht, **wem** diese Tasche gehört.	Я не знаю, **кому** принадлежит эта сумка.

wen – вопросительное местоимение в винительном падеже,

переводится _кого_ (см. wer);

Употребляется:

1. в простом вопросе, относящемся к одушевленным предметам мужского и женского рода:

An **wen** soll ich mich wenden?	К **кому** мне обратиться?
Wen hast du abgeholt?	За **кем** ты заезжал?

2. в качестве подчинительного союза в придаточных предложениях, содержащих косвенный вопрос:

Wissen Sie nicht, **wen** er hier gesucht hat?	Вы не знаете, **кого** он здесь искал?

wenig – неопределенное числительное/наречие;

степени сравнения: wenig – weniger – am wenigsten;

Употребляется:

1. с глаголами и с существительными в единственном числе, являющимися именами собирательными,

переводится _мало, немного_:

Ich habe nur **wenig** Zeit.	У меня только **мало** времени.
Er kann nur **wenig** Deutsch.	Он **немного** / плохо говорит по-немецки.

wenig

Du hast zu **wenig** Geld.	У тебя слишком **мало** денег.
In der letzter Zeit spiele ich **weniger** Tennis.	В последнее время я **меньше** играю в теннис.
Er schreibt immer sehr **wenig**.	Он всегда пишет очень **мало**.
Aus dem Artikel konnte ich nur **wenig** erfahren.	Из статьи я смог лишь **немногое** почерпнуть / узнать.
Darauf habe ich nur **wenig** zu sagen.	На это я **мало** что могу сказать.
Das interessiert mich **am wenigsten**.	Это интересует меня **меньше всего**.

2. в единственном числе как замена существительного среднего рода, может иметь падежное окончание -em в дательном падеже:

Sie war mit **wenigem** zufrieden.	Она была довольна **малым**.
Das ist **das wenigste**, was du machen könntest.	Это **самое малое**, что бы ты мог сделать.

3. с прилагательным, которое пишется с заглавной буквы и имеет окончания:

In der Ausstellung war **wenig** Interessantes zu sehen.	На выставке было **мало** интересного.

4. в выражении ein wenig, которое **переводится** _немного_:

Ich möchte mich **ein wenig** ausruhen.	Я хочу **немного** отдохнуть.
Viele **Wenig** machen ein Viel.	Из **немногого** делается многое. (погов.)

wenige – неопределенное местоимение, употребляется самостоятельно с существительными во множественном числе, а также с прилагательными;

если к существительному относится прилагательное, то оно имеет сильные окончания,

переводится _немногие, мало_:

Das ist nur **wenigen** Menschen bekannt.	Это известно лишь **немногим** людям.

wenn

Das wiederholte sich mit **wenigen** Ausnahmen.	Это повторялось за **небольшими** исключениями.
Dafür war Hilfe **weniger** guter Menschen nötig.	Для этого была необходима помощь **немногих** хороших людей.

wenn – подчинительный союз, вводит придаточные предложения времени и условия;

Употребляется:

1. в придаточных предложениях времени, если действие относится к настоящему или будущему времени или совершается многократно в прошедшем времени,

   переводится *когда*:

Wenn es dunkel wird, gehen sie schlafen.	**Когда** темнеет, они ложатся спать.
Darüber erzähle ich dir, **wenn** du am Abend zu mir kommst.	Об этом я расскажу тебе, **когда** ты придешь вечером ко мне.
(Jedesmal) **Wenn** er nach Berlin kam, rief er mich an.	(Каждый раз) **когда** он приезжал в Берлин, он мне звонил.

2. в придаточных предложениях условия,

   переводится *если*:

Wenn das geschieht, kaufen wir uns erst einmal einen neuen Fernseher.	**Если** это произойдет, мы купим прежде всего новый телевизор.

3. в придаточных предложениях нереального условия, при этом глагол стоит в форме конъюнктива,

   переводится *если*:

Was würdest du sagen, **wenn** du eine Absage erhalten würdest?	Что бы ты сказал, **если** бы ты получил отказ?
Wenn es nicht geregnet hätte, wären wir früher gekommen.	**Если** бы не было дождя, мы бы приехали намного раньше.

4. в предложениях нереального желания, при этом глагол стоит в конъюнктиве,

   переводится *если*:

wenn

Wenn er jetzt hier wäre!	**Если** бы он был сейчас здесь!
Wenn du das nicht gesagt hättest!	**Если** бы ты этого не говорил!

5. в уступительных предложениях, часто в сочетании со словами auch или schon,

   переводится <u>*если (даже), хотя:*</u>

Wenn er sich **auch** noch so schlecht fühlte, weigerte er sich, zum Arzt zu gehen.	**Хотя** / **Если даже** он так плохо себя чувствовал, он не хотел идти к врачу.
Wenn es **auch** so schwer war, wir wurden damit fertig.	**Если** это было **и** трудно, мы справились с этим.

Если придаточное предложение стоит на первом месте, то после него может стоять как сказуемое, так и подлежащее главного предложения:

Wenn er **auch** noch so schlecht schlief, wollte er / er wollte keine Tabletten nehmen.	**Если даже** он плохо спал, он не хотел принимать таблеток.

wer – вопросительное местоимение,

переводится <u>*кто;*</u>

Употребляется:

1. в простом вопросе, относящемся к одушевленным предметам мужского и женского рода; является в предложении подлежащим:

Wer hat mich angerufen? **Wer** da?	**Кто** мне звонил? **Кто** там / **Кто** идёт?
Wer hat das nicht schon einmal erlebt!	**Кто** этого однажды не переживал!
Wer anders als du kann das getan haben!	**Кто** кроме тебя мог это сделать!

2. в качестве подчинительного союза в придаточных предложениях, содержащих косвенный вопрос:

Ich erinnere mich nicht mehr, **wer** mir das gesagt hat.	Я больше не помню, **кто** мне это сказал.

werden

Wer das tut, muß die Verantwortung dafür tragen.	**Кто** это делает, должен нести за это ответственность.
Wer anderen eine Grube gräbt, fällt selbst hinein.	**Кто** роет яму другому, сам в нее попадет / Не рой яму другому, сам в нее попадешь. (погов.)

3. в значении чего-либо / кого-либо особенного, быть видным человеком:

In seiner Firma war er **wer**.	На своей фирме он был **видным человеком**.

werden – глагол, основные формы: werden – wurde – geworden, образует перфект с глаголом sein, имеет особенности спряжения, может выступать как полнозначный и как вспомогательный глагол:

	Презенс	Претерит	Конъюнктив I	Конъюнктив II
ich	werde	wurde	werde	würde
du	wirst	wurdest	werdest	würdest
er, sie	wird	wurde	werde	würde
wir	werden	wurden	werden	würden
ihr	werdet	wurdet	werdet	würdet
sie, Sie	werden	wurden	werden	würden

Употребляется:

1. в качестве полнозначного глагола, **переводится** *становиться, стать, наступать*:

Es **wird** wärmer.	**Становится** теплее.
Was willst du **werden**?	Кем ты хочешь **стать / быть**?
Daraus **wird** nichts.	Из этого ничего не **выйдет**.
Meine Schwester **wurde** achtzehn Jahre alt.	Моей сестре **исполнилось** восемнадцать лет.
Er **ist** früh zum Mann **geworden**.	Он рано **стал** мужчиной / возмужал.

werden

2. в качестве вспомогательного глагола для образования формы будущего времени; часто с дополнительным значением предположения со словом wohl; (не переводится):

Ich **werde** gehen.	Я пойду.
Es **wird** wohl regnen.	Наверное **будет** дождь.
Bis Sie zurückkommen, **werde** ich die Übersetzung **beendet haben**.	Пока вы вернетесь, я **закончу** перевод.

3. в форме конъюнктива I в косвенной речи:

Sie sagt, sie **werde** morgen **verreisen**.	Она говорит, что завтра **уезжает**.
Sie sagte, daß sie ihn morgen **sehen werde**.	Она сказала, что завтра его **увидит**.

4. в форме конъюнктива II с инфинитивом другого глагола (= кондиционалис):

Würdest du das bitte erledigen?	Ты **не сделаешь** этого? (вежливая просьба)
Ich **würde** kommen, wenn der Regen aufhören **würde**.	Я **бы пришел**, если **бы** дождь **перестал**.

5. в значении предположения:

Er **wird** schon wissen, was er tut.	Он **наверное знает**, что он делает.

6. в пассивных предложениях:

   а. в настоящем времени:

Dort **werden** neue Geräte **vorgeführt**.	Там **демонстрируются** новые приборы.

   б. в претерите:

Der Kranke **wurde** sofort **operiert**.	Больного сразу **прооперировали**.

   в. в перфекте, при этом вместо причастия II geworden употребляется форма worden:

Ich **bin** nicht **gefragt worden**.	Меня не **спросили**.

   г. в плюсквамперфекте, при этом вместо причастия II geworden употребляется форма worden:

wie

| Der Brief **war** am gleichen Tage **beantwortet worden**. | На письмо **был дан ответ** в тот же день. |

д. в будущем времени:

| Alle Mitarbeiter **werden** informiert **werden**. | Все сотрудники **будут проинформированы**. |

е. в форме инфинитива пассив с модальными глаголами:

| Das **kann** sofort/gleich **erledigt werden**. | Это **можно сделать** сразу. |

wessen – вопросительное местоимение в родительном падеже, переводится *чей*;

Употребляется:

1. в простом вопросе, при этом артикль перед существительным отсутствует:

| **Wessen** Papiere sind das? | **Чьи** это бумаги? |

2. в качестве подчинительного союза в придаточных предложениях, содержащих косвенный вопрос:

| Du solltest fragen, **wessen** Auto das war. | Тебе надо было спросить, **чья** это была машина. |

wider – предлог, требует винительного падежа, переводится *против, вопреки*:

| Wir haben dem Plan **wider** unseren Willen zugestimmt. | Мы согласились с планом **против воли**. |
| **Wider** Erwarten hat er die Antwort bald bekommen. | **Вопреки** ожиданию он скоро получил ответ. |

wie – вопросительное слово, переводится *как*;

Употребляется:

1. в простом вопросе:

| **Wie** geht es Ihnen? | **Как** вы поживаете? |

wie

Wie bitte?	**Как** вы сказали? (при переспросе)
Wie spät ist es?	**Который** час?
Wie kommt es, daß du es bisher nicht gemacht hast?	**Как** получилось, что ты до сих пор этого не сделал?
Wie wäre es, wenn du bei uns übernachten würdest?	**А что** если бы ты переночевал бы у нас?

2. в качестве подчинительного союза в придаточных предложениях, содержащих косвенный вопрос:

Ich weiß selbst nicht, **wie** es gekommen ist.	Я сам не знаю, **как** это получилось.
Wie man sagt, ist sie bereits verheiratet.	**Как** говорят, она уже вышла замуж.

3. в сочетании с другими прилагательными и наречиями: как долго, как высоко, как далеко и т.п.

Wie weit ist es bis zum Stadion?	**Как далеко** до стадиона?
Wie lange haben die Verhandlungen gedauert?	**Как долго** длились переговоры?
Wie hoch ist der Fernsehturm?	**Какой высоты** телебашня?

4. в оборотах:

<u>wie gehabt</u>	как и прежде
Alles läuft **wie gehabt**.	Все идет **как и прежде**.
<u>wie man's nimmt</u>	как на это посмотреть
Das war eine gute Leistung. – **Wie man's nimmt**.	Это был хороший результат. – **Как на это посмотреть**.
<u>wie dem auch sei</u>	как бы то ни было
Wie dem auch sei, er hat viel geleistet.	**Как бы то ни было**, он сделал очень много / добился больших результатов.
Wie wär's mit einem Glas Wein?	**Ты не против** / ты хочешь стакан вина?
Nicht das Was, sondern das **Wie** ist ausschlaggebend.	Главное не что, а **как**.

wir

Ist es heiß? – Und wie!   Жарко? – Еще как!

wieviel – вопросительное слово, если оно относится к существительному во множественном числе без артикля, то часто пишется раздельно: wie viele, если существительное стоит в единственном числе, то после wieviel артикль не ставится,

переводится СКОЛЬКО;

Употребляется:

1. в простом вопросе:

Wieviel verdienst du?	**Сколько** ты зарабатываешь?
Wieviel Geld wird das kosten?	**Сколько** денег это будет стоить?
Wie **viele** Autos hat die Firma verkauft?	**Сколько** автомашин продала фирма?

2. в качестве подчинительного союза в придаточных предложениях, содержащих косвенный вопрос:

Ich weiß nicht, **wieviel** Zeit Sie haben.	Я не знаю, **сколько** у вас времени.

3. для выражения степени в сочетании с предлогом um:

Um **wieviel** Jahre ist dein Bruder älter (als du)?	На **сколько** лет твой брат старше (тебя)?

4. с определенным артиклем и суффиксом -te в качестве вопроса к порядковому числительному:

Der **wievielte** ist heute?	**Какое** сегодня число?
Beim **wievielten** Versuch hat es geklappt?	С **какой** попытки это удалось?

wir – личное местоимение 1-го лица множественного числа, в предложении всегда является подлежащим; склоняется:

Им.	wir
Вин.	uns
Дат.	uns
Род.	unser

wir

переводится **мы**;

Употребляется:

1. в качестве подлежащего:

Wir waren nur in der Stadtmitte.	**Мы** были только в центре города.
Wir waren **unser** zehn.	**Нас** было десять (человек).
Wir und ihr könnten es schaffen.	**Мы** и вы могли бы (вместе) это сделать.
Wie fühlen **wir** uns heute?	Как **мы** сегодня себя чувствуем (у врача при обращении к одному лицу – больному)?
Wir Russen sehen das anders.	**Мы**, русские, смотрим на это по-другому.

2. в описательной форме повелительного наклонения, часто с модальным глаголом wollen: при этом глагол стоит на первом месте,

переводится **давайте + инфинитив**:

Fangen wir wieder von vorne **an**!	**Начнем** опять с начала.
Wollen wir in die Diskothek gehen!	**Давайте** пойдем в дискотеку!

wird – форма 3-го лица единственного числа глагола werden (см. werden).

wissen – глагол, имеет неправильные основные формы wissen – wußte – gewußt и особенности спряжения:

	Презенс	Претерит	Конъюнктив I	Конъюнктив II
ich	weiß	wußte	wisse	wüßte
du	weißt	wußtest	wissest	wüßtest
er, sie	weiß	wußte	wisse	wüßte
wir	wissen	wußten	wissen	wüßten
ihr	wißt	wußtet	wisset	wüßtet
sie, Sie	wissen	wußten	wissen	wüßten

переводится **знать, уметь**;

wo

Употребляется:

1. с дополнениями, выраженными словами das, es, etwas, nichts, alles или придаточным предложением:

Ich **weiß** nichts von seinem Freund.	Я ничего не **знаю** о его друге.
Ich **weiß** das schon lange.	Это я уже давно **знаю**.
Das hättest du ja **wissen** müssen.	Тебе бы это надо было **знать**.
Woher **weiß** er es?	Откуда он это **знает**?
Man kann nie **wissen**!	Как **знать**! (с оттенком неуверенности)
Er wollte von uns nichts mehr **wissen**.	Он не хотел больше ничего о нас **знать**.
Ich **weiß**, daß ich nichts weiß.	Я **знаю**, что я ничего не знаю. (Сократ)
Sie **wissen**, daß das nicht so ohne weiteres geht.	Вы **знаете**, что это так просто не пройдет.

2. в оборотах:

wer weiß!	как знать! как сказать!
weiß wie	очень
was weiß ich!	А мне откуда знать?

wo – вопросительное слово,

переводится *где*;

Употребляется:

1. в простом вопросе:

Wo waren Sie gestern?	**Где** вы были вчера?
Wo können wir uns treffen?	**Где** мы можем встретиться?
Wo wohnt er?	**Где** он живет?

2. в качестве подчинительного союза в придаточных предложениях, содержащих косвенный вопрос; если относится к существительному, выражающему отрезок времени,

переводится *когда*:

Das geschah in der Zeit, **wo** wir im Theater waren.	Это произошло в то время, **когда** мы были в театре.

wo

3. в обороте ach wo или I wo, который переводится *да ну что ты!*, *куда там*; *да нет же*:

Haben Sie nichts dagegen? – **Ach wo** / **I wo**! Machen Sie ruhig weiter.	Вы не возражаете? – **Да нет же**, продолжайте!

wo(r) – первый элемент местоименных наречий, выражающих вопрос к члену предложения (существительному), обозначающему неодушевленный предмет, вторым элементом является предлог; если предлог начинается с гласного, то между wo и предлогом вставляется -r-;

переводится *что* в соответствующем падеже в зависимости от перевода предлога/управления глагола в русском языке;

Употребляется:

1. вместо существительного с предлогом, обозначающем неодушевленный предмет:

Worauf wartest du?	**Чего** ты ждёшь?
Ср. Auf wen wartest du?	Кого ты ждёшь?
Woran denken Sie jetzt?	**О чём** вы сейчас думаете?
Womit fährst du zum Flughafen?	**На чём** ты поедешь в аэропорт?

2. в качестве подчинительного союза в предложениях, содержащих косвенный вопрос:

Der Verkäufer fragte, **wofür** ich mich interessiere.	Продавец спросил, **чем** я интересуюсь.
Erkläre ihm, **worauf** es jetzt ankommt.	Объясни ему, **от чего** всё зависит / что сейчас важно / в чём сейчас дело.

woran – (см. *wo(r)-*)

worauf – (см. *wo(r)-*)

woraus – (см. *wo(r)-*)

wobei – (см. *wo(r)-*)

wodurch – (см. *wo(r)-*)

wofür – *(см. wo(r)-)*

wogegen – *(см. wo(r)-)*

woher – вопросительное слово,

переводится *откуда*;

Употребляется:

1. в простом вопросе:

Woher stammst du?	**Откуда** ты родом?
Woher wissen Sie das?	**Откуда** вы это знаете?

2. в качестве подчинительного союза в придаточных предложениях, содержащих косвенный вопрос:

Ich weiß nicht, **woher** er das hat.	Я не знаю, **откуда** это у него.
Bist du reich geworden? – (Aber) **woher** denn!	Ты разбогател? – Да **откуда** же!

wohin – вопросительное слово,

переводится *куда*;

Употребляется:

1. в простом вопросе:

Wohin gehst du jetzt?	**Куда** ты теперь идешь?
Wohin haben Sie diesen Brief gelegt?	**Куда** вы положили это письмо?
Wohin so spät?	**Куда** (ты так поздно) собрался?
Wohin damit?	**Куда**ть это девать?

2. в качестве подчинительного союза в придаточных предложениях, содержащих косвенный вопрос:

Sie weiß noch nicht, **wohin** sie im Urlaub fahren wird.	Она еще не знает, **куда** поедет в отпуск.
Ihr könnt gehen, **wohin** ihr wollt.	Вы можете идти, **куда** хотите.

wollen – модальный глагол

основные формы: wollen – wollte – gewollt;

wollen

как и все модальные глаголы имеет особенности спряжения:

	Презенс	Претерит	Конъюнктив I	Конъюнктив II
ich	will	wollte	wolle	wollte
du	willst	wolltest	wollest	wolltest
er, sie	will	wollte	wolle	wollte
wir	wollen	wollten	wollen	wollten
ihr	wollt	wolltet	wollet	wolltet
sie, Sie	wollen	wollten	wollen	wollten

переводится *хотеть*;

Употребляется:

1. для выражения желания:

Ich **will** schlafen.	Я **хочу** спать / Мне хочется спать.
Wie Sie **wollen**.	Как (вы) **хотите**.
Was **willst** du damit sagen?	Что ты **хочешь** этим сказать?

2. с дополнением или наречием (без второго глагола):

Wo **willst** du hin?	Куда ты **собрался**?
Das **habe** ich nicht **gewollt**.	Я этого не **хотел**.
Wir **haben** nur dein Bestes gewollt.	Мы **хотели** тебе только самого хорошего.
Sie **wollte** keine Kinder.	Она не **хотела** (иметь) детей.
Davon **will** er nichts wissen.	Об этом он ничего не **хочет** знать.
Ich weiß nicht, was du **willst**.	Я не знаю, что ты **хочешь**.

3. для выражения будущего времени:

Wollen wir sehen, was daraus wird.	**Посмотрим**, что из этого будет/получится.
Ich **will** das hoffen.	Я **хочу** на это надеяться.

4. для выражения просьбы, предположения:

Wollen Sie mir bitte **helfen**!	**Помогите** мне, пожалуйста!

5. в описательной форме повелительного наклонения, при этом глагол стоит на первом месте, переводится **давайте + инфинитив**:

Wollen wir das vergessen!	**Давайте** забудем это!
Wollen wir darüber schreiben!	**Давайте** напишем об этом!
Wollen wir das in Zukunft beachten!	**Давайте** будем на это обращать внимание в будущем.

6. для выражения предположения, неуверенности с инфинитивом I и II, при этом ставится под сомнение истинность высказывания говорящего:

Du **willst** ein guter Fachmann sein.	Ты **утверждаешь**, что являешься хорошим специалистом (но в это трудно поверить).
Er **will** das nicht gewußt haben.	Он **утверждает**, что этого не знал (что сомнительно).

wollte – форма претерита глагола wollen (см. *wollen*)

Er **wollte** etwas von dir.	Ему от тебя что-то **было нужно**.

womit – *(см. wo(r)-)*

wonach – *(см. wo(r)-)*

worden – сокращенная форма причастия II глагола werden; употребляется в перфекте и плюсквамперфекте пассив;

не переводится:

Die Verhandlungen **sind abgebrochen worden**.	Переговоры **прерваны**.
Nachdem das Protokoll **unterzeichnet worden war**, wurde ein kleiner Empfang veranstaltet.	После того как проток **был подписан**, устроили небольшой прием.

worüber – *(см. wo(r)-)*

worum – *(см. wo(r)-)*

worunter – *(см. wo(r)-)*

wovon

wovon – *(см. wo(r)-)*

wovor – *(см. wo(r)-)*

wozu – *(см. wo(r)-)*

wurde – форма претерита глагола werden *(см. werden)*

Es **wurde** dunkel.	Стемнело.
Daraus **wurde** nichts.	Из этого ничего не **получилось**.
Die Namen **wurden** nicht genannt.	Фамилий **не называли** / Фамилии **не назывались**.

würde – форма конъюнктива II глагола werden;
Употребляется:

1. в составе сложной формы – кондиционалиса в значении предположения, пожелания, нереального высказывания; как таковая не переводится, а соответствующий глагол, **переводится** с частицей *бы:*

Ich **würde** das anders **machen**.	Я **бы сделал** это по-другому.
Würden Sie mir bitte das Telefonbuch **reichen**!	Вы **не передадите** мне телефонную книгу!
Ich **würde kommen**, wenn ich alles erledigen könnte.	Я **бы пришел**, если бы смог сделать все свои дела.
Ich **würde** dich **angerufen haben**, wenn ich in der Stadt gewesen wäre.	Я **бы** тебе **позвонил**, если бы был в городе.

2. в косвенной речи (будущее время) при совпадении форм индикатива и конъюнктива I во множественном числе, **не переводится**:

Er sagte, sie **würden** das umgehend erledigen.	Он сказал, что они **сделают** это немедленно.

3. в косвенной речи (будущее время) при отсутствии совпадения форм индикатива и конъюнктива I в единственном числе, **не переводится**:

zu

Sie schrieb, sie **würde** bald nach Hamburg kommen.	Она писала, что скоро **приедет** в Гамбург.

1. zu – предлог, требует дательного падежа;

Употребляется:

1. **для выражения направления,**
   переводится <u>к, в, на</u>:

Wir fahren zusammen **zum** Bahnhof.	Мы вместе поедем **на** вокзал.
Am Abend komme ich **zu** dir.	Вечером я **к** тебе приеду.
Wann gehst du endlich **zum** Arzt?	Когда ты наконец пойдешь **к** врачу.

2. **во временном значении,**
   переводится <u>в, на</u>:

Zu Weihnachten ist er bei seinen Eltern.	**На** Рождество он будет у родителей.
Zur Zeit ist sie verreist.	**В** настоящее время она в отъезде.
Zu dieser Feier kann ich leider nicht kommen.	**На** этот праздник я к сожалению не смогу прийти.

3. **для выражения образа действия,**
   переводится <u>творительным падежом</u>:

Wollen wir **zu** Fuß gehen!	Давайте пойдем **пешком**!
Wir waren dort **zu** zweit.	Мы были там **вдвоем**.
Die Menschen standen **zu Tausenden** auf dem großen Platz.	Люди **тысячами** стояли на большой площади.

4. **для выражения цены,**
   переводится <u>по, за</u>:

Ich habe das **zu** zwei Mark je Kilo gekauft.	Я купил это **по** две марки за килограмм.
Ich möchte einen Videorecorder. – **Zu** welchem Preis?	Я хотел бы видеомагнитофон. – **За** какую цену?

Z

137

zu

5. для выражения цели,
   переводится ДЛЯ, В:

Ich mache das nur so **zum** Vergnügen.	Я делаю это так **для** удовольствия.
Wir sind **zu** einer Einigung gekommen.	Мы достигли соглашения.

6. в оборотах:

ab und zu
иногда

Ab und zu gehe ich in die Schwimmhalle. — **Иногда** я хожу в плавательный бассейн.

zu sein
быть закрытым

Die Garage **war zu**. — Гараж **был закрыт**.

zu Mittag/zu Abend essen
обедать/ужинать

Wann **essen** Sie **zu Abend**? — Когда вы **ужинаете**?

zu Hause
дома

Sie ist jetzt **zu Hause**. — Она сейчас **дома**.

zu Hilfe kommen
прийти/поспешить на помощь

Ein junger Mann **kam** mir **zu Hilfe**. — Молодой человек **пришел** мне **на помощь**.

zu Ende sein/kommen
кончиться

Die Vorlesungen **sind zu Ende**. — Лекции **кончились**.

zu Gast sein
быть в гостях

Ich **war** bei ihm **zu Gast**. — Я **был** у него **в гостях**.

---

2. **zu** – наречие, относится, как правило, к прилагательному или наречию,

переводится СЛИШКОМ;

Das ging **zu** weit.	Это зашло **слишком** далеко.
Das ist dir **zu** teuer.	Это тебе **слишком** дорого.

zwischen

3. zu – частица с инфинитивом I или II другого глагола, **не переводится:**

Ich versuchte, den Lastwagen **zu** überholen.	Я пытался обогнать грузовик.
Der Angeklagte gestand, das Motorrad gestohlen **zu** haben.	Обвиняемый признался, что украл мотоцикл.

4. zu – частица с глаголами haben или sein + инфинитив, **не переводится:**

Ich **habe** nicht viel **zu berichten**.	Я мало что **могу доложить/сообщить**.
Sie **ist zu bedauern**.	Она **достойна сожаления**.
Was **hat** das **zu bedeuten**?	Что это **должно означать**?
Glaubst du, daß das **zu reparieren wäre**?	Ты думаешь, что это **можно было бы отремонтировать**?

zum – слияние предлога zu с артиклем dem (см. zu)

zur – слияние предлога zu с артиклем der (см. zu)

zwischen – предлог, требует на вопрос где? (wo?) дательного и на вопрос куда? (wohin?) винительного падежа, переводится *между*;

Употребляется:

1. для обозначения места:

Zwischen beiden Stadtteilen verkehrt die Straßenbahn.	**Между** обеими частями города/районами ходит трамвай.
Er hat den Schreibtisch **zwischen** die Fenster gestellt.	Он поставил письменный стол **между** окон.

2. для обозначения времени:

Ich komme **zwischen** drei und vier Uhr.	Я приду **между** тремя и четырьмя часами.
Zwischen dem 7. und dem 9. Mai wird nicht gearbeitet.	**Между** 7-м и 9-м мая не будут работать.

zwischen

3. для выражения отношения:

Zwischen uns ist alles aus.	**Между** нами все кончено.
Er trat vermittelnd **zwischen** die streitenden Parteien.	Он выступил посредником **между** спорящими сторонами.
Zwischen den Freunden kam es zu einem tiefen Bruch.	**Между** друзьями наступил разрыв.

4. в оборотах:

zwischen zwei Stühlen sitzen — оказаться/садиться между двух стульев

Dort hat er gekündigt, hier hat er noch keine Stelle bekommen, nun **sitzt** er **zwischen zwei Stühlen**. — Там он уволился, здесь еще не получил места: теперь он **оказался между двух стульев**.

zwischen den Zeilen lesen — читать между строк

Ich habe nichts verstanden – Man muß **zwischen den Zeilen lesen** können. — Я ничего не понял. – Нужно уметь **читать между строк**.

zwischen Tür und Angel — мимоходом, походя

Genau weiß ich das nicht, er hat mir das so **zwischen Tür und Angel** erzählt. — Точно я ничего не знаю, он рассказал мне об этом **мимоходом**.

Приложение

Грамматические таблицы

- Глагол
- Существительное
- Артикль
- Прилагательное
- Числительное
- Местоимение
- Наречие
- Предлог
- Союз
- Предложение

стр. 141–265

Глагол (das Verb)

Глаголы обозначают действие /работать, говорить/, процессы /расти, падать/ и состояния /сидеть, отдыхать/. С формальной точки зрения различают слабые и сильные глаголы. Глаголы имеют следующие формы:

Личные формы

		schwache Verben		*starke Verben*	
Singular	1. Person	ich lerne	ich lernte	ich gehe	ich ging
	2. Person	du lern*st*	du lern*test*	du geh*st*	du ging*st*
	3. Person	er es } lern*t* sie	er lernte	er es } geh*t* sie	er ging
Plural	1. Person	wir lern*en*	wir lern*ten*	wir geh*en*	wir ging*en*
	2. Person	ihr lern*t*	Ihr lern*tet*	ihr geh*t*	Ihr ging*t*
	3. Person	sie lern*en* Sie lern*en*	sie lern*ten* Sie lern*ten*	sie geh*en* Sie geh*en*	sie ging*en* Sie ging*en*

Набор форм:

1-е лицо = говорящий /я, мы/
2-е лицо = собеседник /к кому обращаются/ /ты, вы/
3-е лицо = лицо или предмет, о котором идет речь /он, она, оно, они/

Временные формы

Простые временные формы:

	Präsens	*Präteritum*
schwache Verben	ich *lerne*	ich *lernte*
starke Verben	ich *gehe*	ich *ging*

Сложные временные формы:

Perfekt	*Plusquamperfekt*	*Futur I*	*Futur II*
ich *habe gelernt*	ich *hatte gelernt*	ich *werde lernen*	ich *werde gelernt haben*
ich *bin geeilt*	ich *war geeilt*	ich *werde eilen*	ich *werde geeilt sein*
ich *habe gegessen*	ich *hatte gegessen*	ich *werde essen*	ich *werde gegessen haben*
ich *bin gegangen*	ich *war gegangen*	ich *werde gehen*	ich *werde gegangen sein*

Perfekt   Präsens { haben / sein } + Partizip II

Глагол (das Verb)

Plusquamperfekt	Präteritum	{ haben / sein } + Partizip II
Futur I	Präsens werden + Infinitiv	
Futur II	Präsens werden + Partizip II + Infinitiv	{ haben / sein }

Названия временных форм не идентичны грамматической категории времени /прошедшее, настоящее, будущее/.

Модальные формы

Конъюнктив /сослагательное наклонение/

простые формы для выражения настоящего или будущего:

	Konjunktiv I	Konjunktiv II
schwache Verben	er lerne	er würde lernen (Ersatzform)
starke Verben	er gehe	er ginge
	er komme	er käme

сложные формы для выражения прошедшего

	Konjunktiv I	Konjunktiv II
schwache Verben	er habe gelernt	er hätte gelernt
	er sei geeilt	er wäre geeilt
starke Verben	er habe gegessen	er hätte gegessen
	er sei gegangen	er wäre gegangen

Если формы конъюнктива I совпадают с формами презенса, то употребляют конъюнктив II, например: ich ginge вместо ich gehe. Если формы конъюнктива II совпадают с формами претерита, то употребляют сложную форму от глагола werden в конъюнктиве II и инфинитива /кондиционалис/, например: ich würde lernen вместо ich lernte, wir würden gehen вместо wir gingen.

Императив /повелительное наклонение/

	du	ihr	Sie
1. legen	lege!	legt!	legen Sie!
arbeiten	arbeite!	arbeitet!	arbeiten Sie!
mitbringen	bringe ... mit!	bringt ... mit!	bringen Sie ... mit!
sich kämmen	kämme dich!	kämmt euch!	kämmen Sie sich!
fahren	fahre!	fahrt!	fahren Sie!
haben	habe!	habt!	haben Sie!

Глагол (das Verb)

2.	sein	sei!	sei*d*!	sei*en* Sie!
3.	sprechen (du sprichst)	sprich!	sprech*t*!	sprechen Sie!
	nehmen (du nimmst)	nimm!	nehm*t*!	nehmen Sie!
	essen (du ißt)	iß!	eß*t*!	essen Sie!

Императив вежливой формы обращения образуется из презенса, при этом глагол ставится на первом месте.

Императив множественного числа /обращение на "ты" к нескольким лицам/ образуется из презенса, при этом личное местоимение отсутствует.

Императив единственного числа /обращение на "ты"/ образуется из основы глагола + окончание -е /в разговорном языке часто отсутствует/. Сильные глаголы с корневым гласным -е меняют -е на -i, сильные глаголы с корневым гласным -а умлаута не получают.

Спряжение глаголов

Спряжение слабых глаголов

Präsens
ich	frage
du	fragst
er, es, sie	fragt
wir	fragen
ihr	fragt
sie, Sie	fragen

Präteritum
ich	fragte
du	fragtest
er, es, sie	fragte
wir	fragten
ihr	fragtet
sie, Sie	fragten

Perfekt
ich	habe ...	gefragt
du	hast ...	gefragt
er, es, sie	hat ...	gefragt
wir	haben ...	gefragt
ihr	habt ...	gefragt
sie, Sie	haben ...	gefragt

Plusquamperfekt
ich	hatte ...	gefragt
du	hattest ...	gefragt
er, es, sie	hatte ...	gefragt
wir	hatten ...	gefragt
ihr	hattet ...	gefragt
sie, Sie	hatten ...	gefragt

Futur I
ich	werde ...	fragen
du	wirst ...	fragen
er, es, sie	wird ...	fragen
wir	werden ...	fragen
ihr	werdet ...	fragen
sie, Sie	werden ...	fragen

Futur II
ich	werde ...	gefragt haben
du	wirst ...	gefragt haben
er, es, sie	wird ...	gefragt haben
wir	werden ...	gefragt haben
ihr	werdet ...	gefragt haben
sie, Sie	werden ...	gefragt haben

Глагол (das Verb)

Konjunktiv I

ich	(frage, fragte) würde .... fragen	ich	habe (hätte) ...	gefragt
du	fragest	du	habest	gefragt
er, es, sie	frage	er, es, sie	habe ...	gefragt
wir	(fragen, fragten) würden .. fragen	wir	haben (hätten)...	gefragt
ihr	fraget	ihr	habet	gefragt
sie, Sie	(fragen, fragten) würden .. fragen	sie, Sie	haben (hätten)...	gefragt

Konjunktiv II

ich	(fragte) würde .... fragen	ich	hätte ...	gefragt
du	(fragtest) würdest ... fragen	du	hättest ...	gefragt
er, es, sie	(fragte) würde .... fragen	er, es, sie	hätte ...	gefragt
wir	(fragten) würden .... fragen	wir	hätten ...	gefragt
ihr	(fragtet) würdet ...... fragen	ihr	hättet ...	gefragt
sie, Sie	(fragten) würden .... fragen	sie, Sie	hätten ...	gefragt

Imperativ

frage!   fragt!   fragen Sie!

Infinitiv

fragen

Partizip I

fragend

Infinitiv II

gefragt haben

Partizip II

gefragt

Спряжение слабых глаголов в пассиве

Präsens

		Präteritum	
ich	werde ... gefragt	ich	wurde ... gefragt
du	wirst ... gefragt	du	wurdest.. gefragt
er, es, sie	wird ... gefragt	er, es, sie	wurde ... gefragt
wir	werden ...gefragt	wir	wurden .. gefragt
ihr	werdet ... gefragt	ihr	wurdet ... gefragt
sie, Sie	werden .. gefragt	sie, Sie	wurden .. gefragt

Perfekt

		Plusquamperfekt	
ich	bin ... gefragt worden	ich	war ... gefragt worden
du	bist ... gefragt worden	du	warst ... gefragt worden
er, es, sie	ist ... gefragt worden	er, es, sie	war ... gefragt worden
wir	sind ... gefragt worden	wir	waren ... gefragt worden
ihr	seid ... gefragt worden	ihr	wart ... gefragt worden
sie, Sie	sind ... gefragt worden	sie, Sie	waren ... gefragt worden

Futur I

		Futur II	
ich	werde ... gefragt werden	ich	werde ... gefragt worden sein
du	wirst ... gefragt werden	du	wirst ... gefragt worden sein
er, es, sie	wird ... gefragt werden	er, es, sie	wird ... gefragt worden sein
wir	werden ...gefragt werden	wir	werden ...gefragt worden sein
ihr	werdet ... gefragt werden	ihr	werdet ... gefragt worden sein
sie, Sie	werden ...gefragt werden	sie, Sie	werden ...gefragt worden sein

Глагол (das Verb)

Konjunktiv I

ich	(werde) würde .. gefragt	
du	werdest ... gefragt	
er, es, sie	werde ... gefragt	
wir	(werden) würden ... gefragt	
ihr	(werdet) würdet ... gefragt	
sie, Sie	(werden) würden ... gefragt	

ich	sei ... gefragt worden
du	sei(e)st . gefragt worden
er, es, sie	sei ... gefragt worden
wir	seien ... gefragt worden
ihr	seiet ... gefragt worden
sie, Sie	seien ... gefragt worden

Konjunktiv II

ich	würde ... gefragt
du	würdest ... gefragt
er, es, sie	würde ... gefragt
wir	würden ... gefragt
ihr	würdet ... gefragt
sie, Sie	würden ... gefragt

ich	wäre ... gefragt worden
du	wär(e)st . gefragt worden
er, es, sie	wäre ... gefragt worden
wir	wären ... gefragt worden
ihr	wär(e)t ... gefragt worden
sie, Sie	wären ... gefragt worden

Imperativ

—

Infinitiv
gefragt werden

Infinitiv II
gefragt worden sein

Partizip I
—

Partizip II
gefragt werden

Спряжение сильных глаголов

Präsens

ich	helfe
du	hilfst
er, es, sie	hilft
wir	helfen
ihr	helft
sie, Sie	helfen

Präteritum

ich	half
du	halfest
er, es, sie	half
wir	halfen
ihr	halfet
sie, Sie	halfen

Perfekt

ich	habe ... geholfen
du	hast ... geholfen
er, es, sie	hat ... geholfen
wir	haben ... geholfen
ihr	habt ... geholfen
sie, Sie	haben ... geholfen

Plusquamperfekt

ich	hatte ... geholfen
du	hattest ... geholfen
er, es, sie	hatte ... geholfen
wir	hatten ... geholfen
ihr	hattet ... geholfen
sie, Sie	hatten ... geholfen

Futur I

ich	werde ... helfen
du	wirst ... helfen
er, es, sie	wird ... helfen
wir	werden ...helfen
ihr	werdet ... helfen
sie, Sie	werden .. helfen

Futur II

ich	werde ... geholfen haben
du	wirst ... geholfen haben
er, es, sie	wird ... geholfen haben
wir	werden .. geholfen haben
ihr	werdet ... geholfen haben
sie, Sie	werden .. geholfen haben

Глагол (das Verb)

Konjunktiv I

ich	(helfe) hülfe		ich	(habe) hätte ...	geholfen
du	helfest		du	habest ...	geholfen
er, es, sie	helfe		er, es, sie	habe ...	geholfen
wir	(helfen) hülfen		wir	(haben) hätten ...	geholfen
ihr	helfet		ihr	habet ...	geholfen
sie, Sie	(helfen) hülfen		sie, Sie	(haben) hätten ...	geholfen

Konjunktiv II

ich	hülfe		ich	hätte ...	geholfen
du	hülfest		du	hättest ...	geholfen
er, es, sie	hülfe		er, es, sie	hätte ...	geholfen
wir	hülfen		wir	hätten ...	geholfen
ihr	hülfet		ihr	hättet ...	geholfen
sie, Sie	hülfen		sie, Sie	hätten ...	geholfen

Imperativ

hilf!   helft!   helfen Sie!

Infinitiv   **Infinitiv II**
helfen   geholfen haben

Partizip I   **Partizip II**
helfend   geholfen

Спряжение сильных глаголов в пассиве

Präsens

ich	werde ... gezwungen			
du	wirst ... gezwungen			
er, es, sie	wird ... gezwungen			
wir	werden .. gezwungen			
ihr	werdet ... gezwungen			
sie, Sie	werden .. gezwungen			

Präteritum

ich	wurde ... gezwungen
du	wurdest . gezwungen
er, es, sie	wurde ... gezwungen
wir	wurden .. gezwungen
ihr	wurdet ... gezwungen
sie, Sie	wurden .. gezwungen

Perfekt

ich	bin ... gezwungen worden
du	bist ... gezwungen worden
er, es, sie	ist ... gezwungen worden
wir	sind ... gezwungen worden
ihr	seid ... gezwungen worden
sie, Sie	sind ... gezwungen worden

Plusquamperfekt

ich	war ... gezwungen worden
du	warst ... gezwungen worden
er, es, sie	war ... gezwungen worden
wir	waren ... gezwungen worden
ihr	waret ... gezwungen worden
sie, Sie	waren ... gezwungen worden

Futur I

ich	werde ... gezwungen werden
du	wirst ... gezwungen werden
er, es, sie	wird ... gezwungen werden
wir	werden .. gezwungen werden
ihr	werdet ... gezwungen werden
sie, Sie	werden .. gezwungen werden

Futur II

ich	werde ... gezwungen worden sein
du	wirst ... gezwungen worden sein
er, es, sie	wird ... gezwungen worden sein
wir	werden .. gezwungen worden sein
ihr	werdet ... gezwungen worden sein
sie, Sie	werden .. gezwungen worden sein

Глагол (das Verb)

Konjunktiv I

ich	(werde) würde ...	gezwungen
du	werdest ...	gezwungen
er, es, sie	werde ...	gezwungen
wir	(werden) würden ...	gezwungen
ihr	(werdet) würdet ...	gezwungen
sie, Sie	(werden) würden ...	gezwungen

ich	sei ...	gezwungen worden
du	seiest ...	gezwungen worden
er, es, sie	sei ...	gezwungen worden
wir	seien ...	gezwungen worden
ihr	seiet ...	gezwungen worden
sie, Sie	seien ...	gezwungen worden

Konjunktiv II

ich	würde ...	gezwungen
du	würdest ...	gezwungen
er, es, sie	würde ...	gezwungen
wir	würden ...	gezwungen
ihr	würdet ...	gezwungen
sie, Sie	würden ...	gezwungen

ich	wäre ...	gezwungen worden
du	wär(e)st ..	gezwungen worden
er, es, sie	wäre ...	gezwungen worden
wir	wären ...	gezwungen worden
ihr	wär(e)t	gezwungen worden
sie, Sie	wären ...	gezwungen worden

Imperativ
–

Infinitiv
gezwungen werden

Partizip I
–

Infinitiv II
gezwungen worden sein

Partizip II
gezwungen worden

Спряжение глагола haben

Präsens

ich	habe
du	hast
er, es, sie	hat
wir	haben
ihr	habt
sie, Sie	haben

Präteritum

ich	hatte
du	hattest
er, es, sie	hatte
wir	hatten
ihr	hattet
sie, Sie	hatten

Perfekt

ich	habe ... gehabt
du	hast ... gehabt
er, es, sie	hat ... gehabt
wir	haben ... gehabt
ihr	habt ... gehabt
sie, Sie	haben ... gehabt

Plusquamperfekt

ich	hatte ... gehabt
du	hattest ... gehabt
er, es, sie	hatte ... gehabt
wir	hatten ... gehabt
ihr	hattet ... gehabt
sie, Sie	hatten ... gehabt

Futur I

ich	werde ... haben
du	wirst ... haben
er, es, sie	wird ... haben
wir	werden ... haben
ihr	werdet ... haben
sie, Sie	werden .. haben

Futur II

ich	werde ... gehabt haben
du	wirst ... gehabt haben
er, es, sie	wird ... gehabt haben
wir	werden .. gehabt haben
ihr	werdet ... gehabt haben
sie, Sie	werden .. gehabt haben

Глагол (das Verb)

Konjunktiv I

ich	(habe) hätte		ich	(habe) hätte ...	gehabt
du	habest		du	habest ...	gehabt
er, es, sie	habe		er, es, sie	habe ...	gehabt
wir	(haben) hätten		wir	(haben) hätten ...	gehabt
ihr	habet		ihr	habet ...	gehabt
sie, Sie	(haben) hätten		sie, Sie	(haben) hätten ...	gehabt

Konjunktiv II

ich	hätte		ich	hätte ... gehabt
du	hättest		du	hättest ... gehabt
er, es, sie	hätte		er, es, sie	hätte ... gehabt
wir	hätten		wir	hätten ... gehabt
ihr	hättet		ihr	hättet ... gehabt
sie, Sie	hätten		sie, Sie	hätten ... gehabt

Imperativ

habe! hab(e)t! haben Sie!

Infinitiv

haben

Partizip I

(habend)

Infinitiv II

gehabt haben

Partizip II

gehabt

Спряжение глагола sein

Präsens

ich	bin
du	bist
er, es, sie	ist
wir	sind
ihr	seid
sie, Sie	sind

Präteritum

ich	war
du	warst
er, es, sie	war
wir	waren
ihr	wart
sie, Sie	waren

Perfekt

ich	bin ...	gewesen
du	bist ...	gewesen
er, es, sie	ist ...	gewesen
wir	sind ...	gewesen
ihr	seid ...	gewesen
sie, Sie	sind ...	gewesen

Plusquamperfekt

ich	war ...	gewesen
du	warst ...	gewesen
er, es, sie	war ...	gewesen
wir	waren ...	gewesen
ihr	wart ...	gewesen
sie, Sie	waren ...	gewesen

Futur I

ich	werde ... sein
du	wirst ... sein
er, es, sie	wird ... sein
wir	werden ...sein
ihr	werdet ... sein
sie, Sie	werden ...sein

Futur II

ich	werde ... gewesen sein
du	wirst ... gewesen sein
er, es, sie	wird ... gewesen sein
wir	werden .. gewesen sein
ihr	werdet ... gewesen sein
sie, Sie	werden .. gewesen sein

Глагол (das Verb)

Konjunktiv I

ich	sei		ich	sei ...	gewesen
du	sei(e)st		du	sei(e)st	gewesen
er, es, sie	sei		er, es, sie	sei ...	gewesen
wir	seien		wir	seien ...	gewesen
ihr	seiet		ihr	seiet ...	gewesen
sie, Sie	seien		sie, Sie	seien ...	gewesen

Konjunktiv II

ich	wäre		ich	wäre ...	gewesen
du	wär(e)st		du	wär(e)st	gewesen
er, es, sie	wäre		er, es, sie	wäre ...	gewesen
wir	wären		wir	wären ...	gewesen
ihr	wär(e)t		ihr	wär(e)t ...	gewesen
sie, Sie	wären		sie, Sie	wären ...	gewesen

Imperativ

sei!   seid!   seien Sie!

Infinitiv

sein

Partizip I

(seiend)

Infinitiv II

gewesen sein

Partizip II

gewesen

Спряжение глагола werden

Präsens

ich	werde
du	wirst
er, es, sie	wird
wir	werden
ihr	werdet
sie, Sie	werden

Präteritum

ich	wurde
du	wurdest
er, es, sie	wurde
wir	wurden
ihr	wurdet
sie, Sie	wurden

Perfekt

ich	bin ...	(ge)worden
du	bist ...	(ge)worden
er, es, sie	ist ...	(ge)worden
wir	sind ...	(ge)worden
ihr	seid ...	(ge)worden
sie, Sie	sind ...	(ge)worden

Plusquamperfekt

ich	war ...	(ge)worden
du	warst ...	(ge)worden
er, es, sie	war ...	(ge)worden
wir	waren ...	(ge)worden
ihr	wart ...	(ge)worden
sie, Sie	waren ...	(ge)worden

Futur I

ich	werde ...	werden
du	wirst ...	werden
er, es, sie	wird ...	werden
wir	werden ..	werden
ihr	werdet ...	werden
sie, Sie	werden ..	werden

Futur II

ich	werde ...	(ge)worden sein
du	wirst ...	(ge)worden sein
er, es, sie	wird ...	(ge)worden sein
wir	werden ...	(ge)worden sein
ihr	werdet ...	(ge)worden sein
sie, Sie	werden ..	(ge)worden sein

Konjunktiv I

ich	(werde) würde	ich	sei ...	(ge)worden
du	werdest	du	sei(e)st .	(ge)worden
er, es, sie	werde	er, es, sie	sei ...	(ge)worden
wir	(werden) würden	wir	seien ...	(ge)worden
ihr	(werdet) würdet	ihr	seiet ...	(ge)worden
sie, Sie	(werden) würden	sie, Sie	seien ...	(ge)worden

Konjunktiv II

ich	würde	ich	wäre ...	(ge)worden
du	würdest	du	wär(e)st .	(ge)worden
er, es, sie	würde	er, es, sie	wäre ...	(ge)worden
wir	würden	wir	wären ...	(ge)worden
ihr	würdet	ihr	wär(e)t ...	(ge)worden
sie, Sie	würden	sie, Sie	wären ...	(ge)worden

Imperativ

werde! werdet! werden Sie!

Infinitiv

werden

Infinitiv II

(ge)worden sein

Partizip I

(werdend)

Partizip II

(ge)worden

Спряжение модальных глаголов

wollen

Präsens

ich	will
du	willst
er, es, sie	will
wir	wollen
ihr	wollt
sie, Sie	wollen

Präteritum

ich	wollte
du	wolltest
er, es, sie	wollte
wir	wollten
ihr	wolltet
sie, Sie	wollten

Perfekt

ich	habe ...	gewollt (wollen)
du	hast ...	gewollt (wollen)
er, es, sie	hat ...	gewollt (wollen)
wir	haben ...	gewollt (wollen)
ihr	habt ...	gewollt (wollen)
sie, Sie	haben ...	gewollt (wollen)

Plusquamperfekt

ich	hatte ...	gewollt (wollen)
du	hattest ...	gewollt (wollen)
er, es, sie	hatte ...	gewollt (wollen)
wir	hatten ...	gewollt (wollen)
ihr	hattet ...	gewollt (wollen)
sie, Sie	hatten ...	gewollt (wollen)

Futur I

ich	werde ...	wollen
du	wirst ...	wollen
er, es, sie	wird ...	wollen
wir	werden ..	wollen
ihr	werdet ...	wollen
sie, Sie	werden ..	wollen

Futur II

ich	werde ...	gewollt haben
du	wirst ...	gewollt haben
er, es, sie	wird ...	gewollt haben
wir	werden ..	gewollt haben
ihr	werdet ...	gewollt haben
sie, Sie	werden ..	gewollt haben

Глагол (das Verb)

Konjunktiv I

ich	wolle	ich	(habe) hätte ... gewollt	(wollen)
du	wollest	du	habest ... gewollt	(wollen)
er, es, sie	wolle	er, es, sie	habe ... gewollt	(wollen)
wir	(wollen) wollten	wir	(haben) hätten..gewollt	(wollen)
ihr	wollet	ihr	habet ... gewollt	(wollen)
sie, Sie	(wollen) wollten	sie, Sie	(haben) hätten..gewollt	(wollen)

Konjunktiv II

ich	(wollte) würde ... wollen	ich	hätte ... gewollt (wollen)
du	(wolltest) würdest.. wollen	du	hättest ... gewollt (wollen)
er, es, sie	(wollte) würde ... wollen	er, es, sie	hätte ... gewollt (wollen)
wir	(wollten) würden .. wollen	wir	hätten ... gewollt (wollen)
ihr	(wolltet) würdet ... wollen	ihr	hättet ... gewollt (wollen)
sie, Sie	(wollten) würden ... wollen	sie, Sie	hätten ... gewollt (wollen)

Imperativ

–

Infinitiv
wollen

Infinitiv II
gewollt haben

Partizip I
wollend

Partizip II
gewollt (wollen)

dürfen

Präsens

ich	darf	ich	durfte
du	darfst	du	durftest
er, es, sie	darf	er, es, sie	durfte
wir	dürfen	wir	durften
ihr	dürft	ihr	durftet
sie, Sie	dürfen	sie, Sie	durften

Präteritum (second column above)

Perfekt

ich	habe ... gedurft (dürfen)	ich	hatte ... gedurft (dürfen)
du	hast ... gedurft (dürfen)	du	hattest ... gedurft (dürfen)
er, es, sie	hat ... gedurft (dürfen)	er, es, sie	hatte ... gedurft (dürfen)
wir	haben ... gedurft (dürfen)	wir	hatten ... gedurft (dürfen)
ihr	habt ... gedurft (dürfen)	ihr	hattet ... gedurft (dürfen)
sie, Sie	haben ... gedurft (dürfen)	sie, Sie	hatten ... gedurft (dürfen)

Plusquamperfekt (second column above)

Futur I

ich	werde ... dürfen	ich	werde ... gedurft haben
du	wirst ... dürfen	du	wirst ... gedurft haben
er, es, sie	wird ... dürfen	er, es, sie	wird ... gedurft haben
wir	werden .. dürfen	wir	werden .. gedurft haben
ihr	werdet ... dürfen	ihr	werdet ... gedurft haben
sie, Sie	werden .. dürfen	sie, Sie	werden .. gedurft haben

Futur II (second column above)

Глагол (das Verb)

Konjunktiv I

ich	dürfe	ich	(habe) hätte ... gedurft (dürfen)
du	dürfest	du	habest ... gedurft (dürfen)
er, es, sie	dürfe	er, es, sie	habe ... gedurft (dürfen)
wir	(dürfen) dürften	wir	(haben) hätten..gedurft (dürfen)
ihr	dürfet	ihr	habet ... gedurft (dürfen)
sie, Sie	(dürfen) dürften	sie, Sie	(haben) hätten..gedurft (dürfen)

Konjunktiv II

ich	dürfte	ich	hätte ... gedurft (dürfen)
du	dürftest	du	hättest ... gedurft (dürfen)
er, es, sie	dürfte	er, es, sie	hätte ... gedurft (dürfen)
wir	dürften	wir	hätten ... gedurft (dürfen)
ihr	dürftet	ihr	hättet ... gedurft (dürfen)
sie, Sie	dürften	sie, Sie	hätten ... gedurft (dürfen)

Imperativ
–

Infinitiv
dürfen

Infinitiv II
gedurft haben

Partizip I
–

Partizip II
gedurft (dürfen)

können

Präsens

ich	kann	ich	konnte
du	kannst	du	konntest
er, es, sie	kann	er, es, sie	konnte
wir	können	wir	konnten
ihr	könnt	ihr	konntet
sie, Sie	können	sie, Sie	konnten

Präteritum (shown above right)

Perfekt

ich	habe ... gekonnt (können)	ich	hatte ... gekonnt (können)
du	hast ... gekonnt (können)	du	hattest ... gekonnt (können)
er, es, sie	hat ... gekonnt (können)	er, es, sie	hatte ... gekonnt (können)
wir	haben ... gekonnt (können)	wir	hatten ... gekonnt (können)
ihr	habt ... gekonnt (können)	ihr	hattet ... gekonnt (können)
sie, Sie	haben ... gekonnt (können)	sie, Sie	hatten ... gekonnt (können)

Plusquamperfekt (shown above right)

Futur I

ich	werde ... können	ich	werde ... gekonnt haben
du	wirst ... können	du	wirst ... gekonnt haben
er, es, sie	wird ... können	er, es, sie	wird ... gekonnt haben
wir	werden .. können	wir	werden .. gekonnt haben
ihr	werdet ... können	ihr	werdet ... gekonnt haben
sie, Sie	werden .. können	sie, Sie	werden .. gekonnt haben

Futur II (shown above right)

Глагол (das Verb)

Konjunktiv I

ich	könne	ich	(habe) hätte ...	gekonnt (können)
du	könnest	du	habest ...	gekonnt (können)
er, es, sie	könne	er, es, sie	habe ...	gekonnt (können)
wir	(können) könnten	wir	(haben) hätten..	gekonnt (können)
ihr	könntet	ihr	habet ...	gekonnt (können)
sie, Sie	(können) könnten	sie, Sie	(haben) hätten..	gekonnt (können)

Konjunktiv II

ich	könnte	ich	hätte ...	gekonnt (können)
du	könntest	du	hättest ...	gekonnt (können)
er, es, sie	könnte	er, es, sie	hätte ...	gekonnt (können)
wir	könnten	wir	hätten ...	gekonnt (können)
ihr	könntet	ihr	hättet ...	gekonnt (können)
sie, Sie	könnten	sie, Sie	hätten ...	gekonnt (können)

Imperativ

–

Infinitiv

können

Infinitiv II

gekonnt haben

Partizip I

könnend

Partizip II

gekonnt (können)

müssen

Präsens

ich	muß
du	mußt
er, es, sie	muß
wir	müssen
ihr	müßt
sie, Sie	müssen

Präteritum

ich	mußte
du	mußtest
er, es, sie	mußte
wir	mußten
ihr	mußtet
sie, Sie	mußten

Perfekt

ich	habe ...	gemußt (müssen)
du	hast ...	gemußt (müssen)
er, es, sie	hat ...	gemußt (müssen)
wir	haben ...	gemußt (müssen)
ihr	habt ...	gemußt (müssen)
sie, Sie	haben ...	gemußt (müssen)

Plusquamperfekt

ich	hatte ...	gemußt (müssen)
du	hattest ...	gemußt (müssen)
er, es, sie	hatte ...	gemußt (müssen)
wir	hatten ...	gemußt (müssen)
ihr	hattet ...	gemußt (müssen)
sie, Sie	hatten ...	gemußt (müssen)

Futur I

ich	werde ...	müssen
du	wirst ...	müssen
er, es, sie	wird ...	müssen
wir	werden ..	müssen
ihr	werdet ...	müssen
sie, Sie	werden ..	müssen

Futur II

ich	werde ...	gemußt haben
du	wirst ...	gemußt haben
er, es, sie	wird ...	gemußt haben
wir	werden ..	gemußt haben
ihr	werdet ...	gemußt haben
sie, Sie	werden ..	gemußt haben

Глагол (das Verb)

Konjunktiv I

ich	müsse	ich	(habe) hätte ...	gemußt (müssen)
du	müssest	du	habest ...	gemußt (müssen)
er, es, sie	müsse	er, es, sie	habe ...	gemußt (müssen)
wir	(müssen) müßten	wir	(haben) hätten..	gemußt (müssen)
ihr	müßtet	ihr	habet ...	gemußt (müssen)
sie, Sie	(müssen) müßten	sie, Sie	(haben) hätten..	gemußt (müssen)

Konjunktiv II

ich	müßte	ich	hätte ...	gemußt (müssen)
du	müßtest	du	hättest ...	gemußt (müssen)
er, es, sie	müßte	er, es, sie	hätte ...	gemußt (müssen)
wir	müßten	wir	hätten ...	gemußt (müssen)
ihr	müßtet	ihr	hättet ...	gemußt (müssen)
sie, Sie	müßten	sie, Sie	hätten ...	gemußt (müssen)

Imperativ

–

Infinitiv
müssen

Infinitiv II
gemußt haben

Partizip I
–

Partizip II
gemußt (müssen)

sollen

Präsens

ich	soll
du	sollst
er, es, sie	soll
wir	sollen
ihr	sollt
sie, Sie	sollen

Präteritum

ich	sollte
du	solltest
er, es, sie	sollte
wir	sollten
ihr	solltet
sie, Sie	sollten

Perfekt

ich	habe ...	gesollt (sollen)
du	hast ...	gesollt (sollen)
er, es, sie	hat ...	gesollt (sollen)
wir	haben ...	gesollt (sollen)
ihr	habt ...	gesollt (sollen)
sie, Sie	haben ...	gesollt (sollen)

Plusquamperfekt

ich	hatte ...	gesollt (sollen)
du	hattest ...	gesollt (sollen)
er, es, sie	hatte ...	gesollt (sollen)
wir	hatten ...	gesollt (sollen)
ihr	hattet ...	gesollt (sollen)
sie, Sie	hatten ...	gesollt (sollen)

Futur I

ich	werde ...	sollen
du	wirst ...	sollen
er, es, sie	wird ...	sollen
wir	werden ...	sollen
ihr	werdet ...	sollen
sie, Sie	werden ..	sollen

Futur II

ich	werde ...	gesollt haben
du	wirst ...	gesollt haben
er, es, sie	wird ...	gesollt haben
wir	werden ...	gesollt haben
ihr	werdet ...	gesollt haben
sie, Sie	werden ..	gesollt haben

Konjunktiv I

ich	solle	ich	(habe) hätte ... gesollt (sollen)
du	sollest	du	habest ... gesollt (sollen)
er, es, sie	solle	er, es, sie	habe ... gesollt (sollen)
wir	(sollen) sollten	wir	(haben) hätten..gesollt (sollen)
ihr	sollet	ihr	habet ... gesollt (sollen)
sie, Sie	(sollen) sollten	sie, Sie	(haben) hätten..gesollt (sollen)

Konjunktiv II

ich	(sollte) würde ...	sollen	ich	hätte ...	gesollt (sollen)
du	(solltest) würdest..	sollen	du	hättest ...	gesollt (sollen)
er, es, sie	(sollte) würde ...	sollen	er, es, sie	hätte ...	gesollt (sollen)
wir	(sollten) würden ..	sollen	wir	hätten ...	gesollt (sollen)
ihr	(solltet) würdet ...	sollen	ihr	hättet ...	gesollt (sollen)
sie, Sie	(sollten) würden ...	sollen	sie, Sie	hätten ...	gesollt (sollen)

Imperativ

–

Infinitiv

sollen

Infinitiv II

gesollt haben

Partizip I

–

Partizip II

gesollt (sollen)

mögen

Präsens

ich	mag
du	magst
er, es, sie	mag
wir	mögen
ihr	mögt
sie, Sie	mögen

Präteritum

ich	mochte
du	mochtest
er, es, sie	mochte
wir	mochten
ihr	mochtet
sie, Sie	mochten

Perfekt

ich	habe ...	gemocht (mögen)
du	hast ...	gemocht (mögen)
er, es, sie	hat ...	gemocht (mögen)
wir	haben ...	gemocht (mögen)
ihr	habt ...	gemocht (mögen)
sie, Sie	haben ...	gemocht (mögen)

Plusquamperfekt

ich	hatte ...	gemocht (mögen)
du	hattest ...	gemocht (mögen)
er, es, sie	hatte ...	gemocht (mögen)
wir	hatten ...	gemocht (mögen)
ihr	hattet ...	gemocht (mögen)
sie, Sie	hatten ...	gemocht (mögen)

Futur I

ich	werde ...	mögen
du	wirst ...	mögen
er, es, sie	wird ...	mögen
wir	werden ..	mögen
ihr	werdet ...	mögen
sie, Sie	werden ..	mögen

Futur II

ich	werde ...	gemocht haben
du	wirst ...	gemocht haben
er, es, sie	wird ...	gemocht haben
wir	werden ..	gemocht haben
ihr	werdet ...	gemocht haben
sie, Sie	werden ..	gemocht haben

Глагол (das Verb)

Konjunktiv I

ich	möge	ich	(habe) hätte ...	gemocht (mögen)
du	mögest	du	habest ...	gemocht (mögen)
er, es, sie	möge	er, es, sie	habe ...	gemocht (mögen)
wir	(mögen) möchten	wir	(haben) hätten..	gemocht (mögen)
ihr	möget	ihr	habet ...	gemocht (mögen)
sie, Sie	(mögen) möchten	sie, Sie	(haben) hätten..	gemocht (mögen)

Konjunktiv II

ich	möchte	ich	hätte ...	gemocht (mögen)
du	möchtest	du	hättest ...	gemocht (mögen)
er, es, sie	möchte	er, es, sie	hätte ...	gemocht (mögen)
wir	möchten	wir	hätten ...	gemocht (mögen)
ihr	möchtet	ihr	hättet ...	gemocht (mögen)
sie, Sie	möchten	sie, Sie	hätten ...	gemocht (mögen)

Imperativ

—

Infinitiv
mögen

Partizip I
mögend

Infinitiv II
gemocht haben

Partizip II
gemocht (mögen)

lassen

Präsens

ich	lasse
du	läßt
er, es, sie	läßt
wir	lassen
ihr	laßt
sie, Sie	lassen

Präteritum

ich	ließ
du	ließ(es)t
er, es, sie	ließ
wir	ließen
ihr	ließ(e)t
sie, Sie	ließen

Perfekt

ich	habe ...	gelassen (lassen)
du	hast ...	gelassen (lassen)
er, es, sie	hat ...	gelassen (lassen)
wir	haben ...	gelassen (lassen)
ihr	habt ...	gelassen (lassen)
sie, Sie	haben ...	gelassen (lassen)

Plusquamperfekt

ich	hatte ...	gelassen (lassen)
du	hattest ...	gelassen (lassen)
er, es, sie	hatte ...	gelassen (lassen)
wir	hatten ...	gelassen (lassen)
ihr	hattet ...	gelassen (lassen)
sie, Sie	hatten ...	gelassen (lassen)

Futur I

ich	werde ...	lassen
du	wirst ...	lassen
er, es, sie	wird ...	lassen
wir	werden ..	lassen
ihr	werdet ...	lassen
sie, Sie	werden ..	lassen

Futur II

ich	werde ...	gelassen haben
du	wirst ,..	gelassen haben
er, es, sie	wird ...	gelassen haben
wir	werden ..	gelassen haben
ihr	werdet ...	gelassen haben
sie, Sie	werden ..	gelassen haben

Глагол (das Verb)

Konjunktiv I

ich	(lasse) ließe		ich	(habe) hätte ... gelassen
du	lassest		du	habest ... gelassen
er, es, sie	lasse		er, es, sie	habe ... gelassen
wir	(lassen) ließen		wir	(haben) hätten..gelassen
ihr	lasset		ihr	habet ... gelassen
sie, Sie	(lassen) ließen		sie, Sie	(haben) hätten..gelassen

Konjunktiv II

ich	ließe		ich	hätte ... gelassen (lassen)
du	ließest		du	hättest ... gelassen (lassen)
er, es, sie	ließen		er, es, sie	hätte ... gelassen (lassen)
wir	(ließen) würden ... lassen		wir	hätten ... gelassen (lassen)
ihr	ließet		ihr	hättet ... gelassen (lassen)
sie, Sie	(ließen) würden ... lassen		sie, Sie	hätten ... gelassen (lassen)

Imperativ
laß!   laßt!   lassen Sie!

Infinitiv
lassen

Infinitiv II
gelassen haben

Partizip I
lassend

Partizip II
gelassen (lassen)

Употребление временных форм глагола

Общие сведения об употреблении временных форм

Презенс является временной формой для выражения связного описания событий, происходящих в настоящее время. При описании прошедшего действия употребляется в этом случае перфект.

Претерит является временной формой связного описания событий, о которых сообщают по воспоминаниям. При описании предшествующего действия употребляют в этом случае плюсквамперфект.

Перфект является разговорной формой для действия в прошлом; кроме того он употребляется при введении и заключении связного повествования.

Präsens
употребляется для выражения действия:

Глагол (das Verb)

– в настоящем времени

Was tust du da? Ich repariere meine Uhr.

– в непосредственном будущем времени

Wartet hier. Ich bin gleich wieder zurück.
Wir bleiben eine Woche in diesem Hotel.

– для действия в прошедшем, которое продолжается в настоящем времени

Er arbeitet seit zwei Jahren in dieser Fabrik.

– для констатации факта без временной характеристики

Australien liegt auf der südlichen Halbkugel unseres Planeten.

– для приказания, побуждения

Ihr geht jetzt ins Bett, Kinder!

Perfekt

употребляется для выражения действия:

– в прошедшем времени (в разговоре и т.п.)

Im vergangenen Jahr haben wir eine Reise nach Frankreich gemacht.

– в прошедшем времени, результаты которого имеются в настоящем времени

Ich habe mein Geld verloren. Ich bin jetzt mittellos.

– в будущем времени (оканчивающемся) завершающемся к какому-либо пункту в будущем

Bis zum Ende des Jahres haben wir hier unsere Arbeit beendet.
Wenn du heimkommst, sind wir schon ins Bett gegangen.

Präteritum

употребляется для выражения действия:

– в прошедшем времени, при описании событий, о которых вспоминают

... Wir fuhren mit unserem Wagen bis Paris. Dort suchten wir uns ein Zimmer und ...

Глагол (das Verb)

– в рассказах

In diesem Dorf wohnte einmal ein Bauer, der ...

– вместо перфекта haben и sein

Letztes Jahr waren wir in Österreich. Die Tiere hatten Durst. Ihm war übel.

– в настоящем времени, с учетом ситуации в прошлом

Herr Ober, ich bekam noch ein Glas Bier.

Plusquamperfekt

употребляется для выражения действия:

– в прошедшем времени, предшествующем другому, которое выражено перфектом или претеритом

Ich war heute beim Zahnarzt. Gestern hatte ich den ganzen Tag Zahnschmerzen gehabt. Als wir die Fahrkarte gelöst hatten, sind wir schnell zum Zug gegangen.

Futur

употребляется для выражения действия:

– в будущем времени, особенно для выражения ожидания или опасения

Morgen wird es sicher wieder regnen. Du wirst die Prüfung bestehen.

– предположения

Die Kinder werden jetzt schon schlafen. Wer wird vorhin an der Haustür geklingelt haben?

– для выражения заявления, угрозы и т.п.

Ich werde dir das Geld nächsten Montag zurückgeben. Ihr werdet euch erkälten. Sie werden sich bei dem Herrn entschuldigen!

Употребление конъюнктива

В конъюнктиве для выражения времени имеются лишь две временные формы: для настоящего и будущего времени:

Konjunktiv I	er gehe in die Schule
Konjunktiv II	er ginge in die Schule

для прошедшего времени

Konjunktiv I	er sei in die Schule gegangen
	er habe den Hund geschlagen
Konjunktiv II	er wäre in die Schule gegangen
	er hätte den Hund geschlagen

Konjunktiv I

употребляется:
для выражения выполнимого желания

> Er sei mein Freund! Er möge Erfolg haben!

для передачи чужих слов ("косвенная речь")

> Er behauptet, er sei im Büro gewesen.

иногда в придаточных предложениях цели с союзом damit

> Ich habe ihm Geld gegeben, damit er sich ein Brot kaufe.

Konjunktiv II

употребляется:
для выражения желания, выполнение которого либо невозможно, либо представляется неосуществимым

> Wäre ich jetzt doch zu Hause! Wenn du ihm doch das Geld nicht gegeben hättest!

для описания фактов, которые только представляют себе, но которые невозможны или сомнительны

> Wenn ich Zeit gehabt hätte, wäre ich zu dir gekommen. Bei günstigeren Bedingungen ginge er auf euren Vorschlag ein.

для выражения ирреального сравнения

> Er läuft, als wäre die Polizei hinter ihm her.

для передачи чужих слов ("косвенная речь"), когда формы конъюнктива I совпадают с презенсом или перфектом

> Er sagte, daß morgen seine Freunde kämen.

Глагол (das Verb)

При совпадении форм конъюнктива I с претеритом или плюсквамперфектом употребляют конъюнктив II глагола würde + инфинитив (за исключением придаточных с союзом wenn).

Wenn uns seine Hilfe etwas nützte, würde ich es sagen.

Употребление пассива

Основным для употребления пассива является выбор подлежащего (субъекта) и выбор средств, с помощью которых данное событие/действие описывается.

Выбор подлежащего определяется перспективой сообщения. Исходя из подлежащего, вокруг которого группируются остальные члены, строится все предложение.

активное предложение	пассивное предложение
Ein Dieb hat der Schauspielerin den Schmuck gestohlen.	Der Schauspielerin ist der Schmuck gestohlen worden.
Nachts strahlen die Scheinwerfer die alte Schloßruine an.	Nachts wird die alte Schloßruine angestrahlt.

Наряду с пассивом имеются другие средства выражения перспективы высказывания (активного или пассивного подлежащего):

активное предложение	пассивное предложение
Er hat Hans ein Buch geschenkt.	Hans hat ein Buch geschenkt bekommen.
Man öffnet den Vorhang.	Der Vorhang öffnet sich.
Er hat meine Wünsche erfüllt.	Meine Wünsche gingen in Erfüllung.

Пассив образуется с помощью вспомогательного глагола werden в соответствующем времени и партиципа II смыслового глагола.

Употребление модальных глаголов

Модальные глаголы выражают отношение говорящего к описываемому событию.

Модальный глагол согласуется с подлежащим.

Глагол (das Verb)

В сочетании с местоимением man модальный глагол относится к лицу или группе лиц, не характеризуемых конкретно.

wollen

выражает желание:

> Der Junge will heute zu seinen Großeltern gehen. (... hat gestern ... geben wollen.)
>
> Der Kranke will bald wieder gesund werden. (... hat ... werden wollen.)
>
> Eine Reise will gut vorbereitet sein.
>
> Die Maschine will gut gepflegt werden.
>
> Der Regen will heute gar nicht mehr aufhören. (... hat gestern ... aufhören wollen).

выражает с инфинитивом II высказывание третьего лица, которое подвергается сомнению

> Günter will schon in Japan gewesen sein.

dürfen

выражает:

— разрешение или право

> Die Kinder dürfen jetzt zum Spielen gehen. (... haben gestern ... gehen dürfen.)
>
> Ein Ei darf nur vier Minuten kochen. (... hat ... kochen dürfen.)

— неуверенное высказывание (в конъюнктиве)

> Das Essen dürfte jetzt fertig sein.

können

выражает:

— возможность (физическую)

> Kannst du Englisch? (Hast du ... gekonnt?)
>
> Die Frau kann den schweren Koffer nicht tragen. (... hat ... tragen können.)
>
> Bei dieser Witterung kann die Wäsche schnell trocknen. (.. hat .. trocknen können.)
>
> Der Betrüger konnte schnell gefaßt werden. (... hat ... gefaßt werden können.)

Глагол (das Verb)

– предположение (часто с инфинитивом II)

> Die Touristen können inzwischen an ihrem Zielort angekommen sein.
> Peter könnte seinen alten Vater wirklich besser unterstützen.

müssen

выражает:
– объективную необходимость или принуждение

> Wir müssen jetzt gehen, wenn wir nicht zu spät kommen wollen. (... haben vorhin gehen müssen.)
> Der Mann muß immer Streit anfangen. (... hat ... anfangen müssen).
> Das Fleisch muß eine halbe Stunde kochen, bis es gar ist. (... hat ... kochen müssen.)
> Sie müssen sich den Film einmal ansehen.

– предположение, основанное на фактах

> Die Leute müssen nach der Arbeit sehr müde sein.
> Er müßte inzwischen seine Schulden bezahlt haben.

sollen

выражает:
– предписание, закон, следование правилу

> Bei diesem Wetter solltest du dir einen Mantel anziehen.
> Du sollst die Wahrheit sagen.

– намерение, план

> Der Elektriker soll morgen zu uns kommen und die Lampe reparieren. (... hat gestern ... kommen sollen.)

– ссылку на чужое мнение

> Herr Schmidt soll Vorsitzender des Sportvereins geworden sein.
> Sie sollen mit uns zufrieden sein.

mögen

выражает:
– желание (часто без инфинитива другого глагола)

> Ich möchte ein Zimmer mit fließendem warmem und kaltem Wasser. (... habe ... gewollt.)

Существительное (das Substantiv)

Hilde möchte nähen lernen. (... hat nähen lernen wollen.)

— симпатию или антипатию (с отрицанием)

Wir mögen den Jungen. (... haben ... gemocht.)

— предположение

Er mag jetzt siebzig Jahre alt sein.

Существительными являются слова, обозначающие одушевленные и неодушевленные предметы, понятия и т. п.

Существительные различаются по родам; показателем грамматического рода является артикль:

1. мужской род (maskulin)   *der* Mann, *der* Tisch, *der* Streit
2. средний род (neutral)   *das* Kind, *das* Haus, *das* Gefühl
3. женский род (feminin)   *die* Frau, *die* Straße, *die* Liebe

Множественное число существительных

Множественное число существительных выражается следующими способами:

1. без специальных форм	–	die Wagen (der Wagen), die Zimmer (das Zimmer)
2. с помощью умлаута	¨	die Väter (der Vater), die Mütter (die Mutter)
3. с помощью окончания -е	-e	die Tage (der Tag), die Hefte (das Heft)
окончания -е и умлаута	¨e	die Söhne (der Sohn), die Hände (die Hand)
4. с помощью окончания -er	-er	die Leiber (der Leib), die Kinder (das Kind)
окончания -er и умлаута	¨er	die Männer (der Mann), die Wörter (das Wort)
5. с помощью окончания -(e)n	-(e)n	die Hasen (der Hase), die Frauen (die Frau)
6. с помощью окончания -s	-s	die Decks (das Deck), die Autos (das Auto)

Существительное (das Substantiv)

Склонение существительных

В немецком языке имеются пять падежных окончаний: -r, -s, -e, -n, -m. Они выступают в различных падежах. Носителями падежных окончаний являются: существительные, определенный и неопределенный артикли, местоимения и другие заменители артикля. Носителями падежных окончаний могут также быть прилагательные и причастия в роли определения.

	Singular			Plural
	maskulin	neutral	feminin	m n f
Nominativ	-(e)r	-(a/e)s	-(i)e	-(i)e
Akkusativ	-(e)n	-(a/e)s	-(i)e	-(i)e
Dativ	-(e)m	-(e)m	-(e)r	-(e)n
Genitiv	-(e)s	-(e)s	-(e)r	-(e)r

Различают четыре типа склонения существительных.

По 1-му типу склоняется большинство существительных мужского рода.

По 2-му типу склоняются некоторые существительные мужского рода (например: der Mensch, der Held и др.), а также существительные с суффиксами -e, -ent, -ant, -ist, -et, -at (например: der Knabe, der Student, der Diamant, der Jurist, der Prophet, der Soldat).

По 3-му типу склоняются все существительные среднего рода (кроме существительного das Herz), а по 4-му типу – все существительные женского рода.

Особую группу составляют несколько существительных мужского рода и существительное среднего рода das Herz; они имеют во всех падежах единственного числа (кроме именительного) окончание -en (как 2-й тип) и окончание -s в родительном падеже (как 1-й тип), например: der Name, der Friede(n), der Buchstabe, der Wille и др.

		maskulin I	maskulin II	neutral	feminin
Singular	Nominativ	der Freund	der Mensch	das Kind	die Mutter
	Akkusativ	den Freund	den Menschen	das Kind	die Mutter
	Dativ	dem Freund(e)	dem Menschen	dem Kind(e)	der Mutter
	Genitiv	des Freundes	des Menschen	des Kindes	der Mutter
Plural	Nominativ	die Freunde	die Menschen	die Kinder	die Mütter
	Akkusativ	die Freunde	die Menschen	die Kinder	die Mütter
	Dativ	den Freunden	den Menschen	den Kindern	den Müttern
	Genitiv	der Freunde	der Menschen	der Kinder	der Mütter

Артикль (der Artikel)

Артикль – служебное слово, которое определяет род, падеж и число существительного, а также его функцию в предложении. Помимо этого артикль выражает категорию определенности (идентификация предмета или явления) и неопределенности (классификация предмета или явления).

Соответственно этому различают определенный и неопределенный артикль; последний употребляется только в единственном числе.

Определенный артикль

	Singular			Plural
	maskulin	neutral	feminin	m n f
Nominativ	der	das	die	die
Akkusativ	den	das	die	die
Dativ	dem	dem	der	den
Genitiv	des	des	der	der

Неопределенный артикль

	Singular		
	maskulin	neutral	feminin
Nominativ	ein	ein	eine
Akkusativ	einen	ein	eine
Dativ	einem	einem	einer
Genitiv	eines	eines	einer

Употребление артикля

Определенный артикль употребляется:

– когда речь идет о данном конкретном предмете

> Der Film hat mir gut gefallen.

– когда речь идет о предмете или явлении, которые уже упоминались раньше

> Ich habe gestern ein Buch gekauft. Das Buch scheint interessant zu sein.

– когда существительное обозначает не отдельный предмет, а весь вид

Артикль (der Artikel)

Die Nelke ist eine Blume.

– если существительное употребляется с порядковым числительным

Heute ist der 7. November.

– если существительное употребляется с прилагательным в превосходной степени

In der Ausstellung sind die modernsten Computer zu sehen.

– если существительное обозначает предмет, единственный в своём роде

Der Direktor ist nicht da.

– перед названием рек, озёр, гор и стран света

der Rhein, die Ostsee, die Alpen, der Norden.

<u>*Неопределённый артикль употребляется:*</u>

– когда речь идёт о предмете или явлении, одном из ряда ему подобных

Das ist ein Motorboot.

– когда предмет или явление употребляется впервые (очень часто после глаголов haben, brauchen и оборота es gibt)

Ich habe / brauche eine neue Jacke. Es gibt dort eine Diskothek.

– когда существительное обозначает любой предмет данного вида из многих

Das kann nur ein Fachmann reparieren.

– когда существительное является именной частью сказуемого, имеет определение и обозначает профессию, специальность, принадлежность к общественной организации или общую характеристику лица или предмета

Er ist ein guter Sportler. Der Adler ist ein Vogel.

Прилагательное (das Adjektiv)

Прилагательное обозначает качественную и количественную характеристику предмета и может выступать в предложении как определение и как именная часть сказуемого. Прилагательное, являющееся определением, принимает падежные окончания. При этом окончания зависят от наличия и характера артикля или местоимения, стоящих перед прилагательным. Если артикль или местоимение указывают на род и падеж, прилагательное получает слабые окончания -e или -en. Если же артикль или местоимение отсутствуют или нечетко указывают род и падеж, то прилагательное получает сильные окончания =окончания определенного артикля. Если прилагательное является именной частью сказуемого, то оно стоит в краткой форме, т.е. без окончаний.

Склонение прилагательных

1. без артикля или местоимения (сильное склонение)

		maskulin	neutral	feminin
Singular	Nominativ	alter Wein	rotes Licht	frische Luft
	Akkusativ	alten Wein	rotes Licht	frische Luft
	Dativ	altem Wein	rotem Licht	frischer Luft
	Genitiv	alten Weines	roten Lichtes	frischer Luft
Plural	Nominativ	gute Bücher		
	Akkusativ	gute Bücher		
	Dativ	guten Büchern		
	Genitiv	guter Bücher		

Прилагательные получают окончания определенного артикля кроме родительного падежа единственного числа мужского и среднего рода, где они имеют окончание -en

	Singular			Plural
	maskulin	neutral	feminin	
Nominativ	-er	-es	-e	-e
Akkusativ	-en	-es	-e	-e
Dativ	-em	-em	-er	-en
Genitiv	-en	-en	-er	-er

Прилагательное (das Adjektiv)

2. после определенного артикля, указательного местоимения, вопросительного местоимения и некоторых неопределенных местоимений

		maskulin	neutral	feminin
Singular	Nominativ	der alte Wein	das rote Licht	die frische Luft
	Akkusativ	den alten Wein	das rote Licht	die frische Luft
	Dativ	dem alten Wein	dem roten Licht	der frischen Luft
	Genitiv	des alten Weines	des roten Lichtes	der frischen Luft
Plural	Nominativ	die guten Bücher		
	Akkusativ	die guten Bücher		
	Dativ	den guten Büchern		
	Genitiv	der guten Bücher		

Прилагательные получают окончания -е (в именительном падеже единственного числа и винительном падеже среднего и женского рода) или -en

	Singular			Plural
	maskulin	neutral	feminin	
Nominativ	-er	-e	-e	-en
Akkusativ	-en	-e	-e	-en
Dativ	-en	-en	-en	-en
Genitiv	-en	-en	-en	-en

3. после неопределенного артикля, притяжательных местоимений и kein

		maskulin	neutral	feminin
Singular	Nominativ	ein kluger Mann	ein braves Kind	eine junge Frau
	Akkusativ	einen klugen Mann	ein braves Kind	eine junge Frau
	Dativ	einem klugen Mann	einem braven Kind	einer jungen Frau
	Genitiv	eines klugen Mannes	eines braven Kindes	einer jungen Frau
Plural	Nominativ	meine beiden Brüder		
	Akkusativ	meine beiden Brüder		
	Dativ	meinen beiden Brüdern		
	Genitiv	meiner beiden Brüder		

Прилагательные получают окончание -е или -en; при существительных мужского и среднего рода в именительном падеже и среднего рода в винительном падеже единственного числа прилагательные имеют окончание -er или -es

Прилагательное (das Adjektiv)

	Singular			Plural
	maskulin	neutral	feminin	
Nominativ	-er	-es	-e	-en
Akkusativ	-en	-es	-e	-en
Dativ	-en	-en	-en	-en
Genitiv	-en	-en	-en	-en

Степени сравнения

Прилагательные и наречия образуют степени сравнения следующим образом:

		сравнительная степень	превосходная степень
	billig- schnell-	billiger- schneller-	billigst- schnellst-
прилагательные на -d	fad-	fader-	fadest-
-t	weit-	weiter-	weitest-
-ß	süß-	süßer-	süßest-
-sch	rasch-	rascher-	raschest-
-x	fix-	fixer-	fixest-
-z	kurz-	kürzer-	kürzest-
-el	dunkel (dunkl-)	dunkler-	dunkelst-
-en	trocken (trockn-)	trockner-	trocknest-
-er	teur (teur-)	teurer-	teuerst-
некоторые корневые прилагательные получают умлаут	alt- jung- dumm-	älter- jünger- dümmer-	ältest- jüngst- dümmst-
неправильные формы образования степеней сравнения	groß- hoch (hoh-) nah- gut- viel, viele	größer- höher- näher- besser- mehr	größt- höchst- nächst- best- meist-

В предложении превосходная степень часто употребляется с предлогом an:

*Er läuft **am** schnellsten. Im Sommer ist das Gemüse **am** billigsten.*

Числительное (das Numerale)

Количественные числительные

Десятки образуются от единиц с помощью суффикса -ig, а от 13 до 19 – с помощью слова zehn:

0 null	10 zehn	20 zwanzig	100	(ein)hundert
1 eins	11 elf	21 einundzwanzig	101	hunderteins
2 zwei	12 zwölf	22 zweiundzwanzig	200	zweihundert
3 drei	13 dreizehn	30 dreißig	1 000	(ein)tausend
4 vier	14 vierzehn	40 vierzig	1 001	tausendeins
5 fünf	15 fünfzehn	50 fünfzig	2 000	zweitausend
6 sechs	16 sechzehn	60 sechzig	10 000	zehntausend
7 sieben	17 siebzehn	70 siebzig	100 000	hunderttausend
8 acht	18 achtzehn	80 achtzig	1 000 000	eine Million
9 neun	19 neunzehn	90 neunzig		

Порядковые числительные

Порядковые числительные образуются от количественных с помощью суффикса -te до 19 и с помощью суффикса -st с 20:

der (das, die)	erste	elfte	tausendste
	zweite	zwölfte	millionste
	dritte	dreizehnte	
	vierte		
	fünfte	zwanzigste	
	sechste	einundzwanzigste	
	siebte		
	achte	hundertste	
	neunte	hunderterste	
	zehnte		

Дробные числительные

Дробные числительные образуются от количественных с помощью суффикса -tel до 19 и с помощью суффикса -stel с 20:

1/2 ein halb	1/16 ein Sechzehntel
1/3 ein Drittel	1/100 ein Hundertstel
2/5 zwei Fünftel	5/1000 fünf Tausendstel
$1\frac{1}{2}$ anderthalb	$3\frac{1}{4}$ drei ein Viertel
eineinhalb	$5\frac{6}{8}$ fünf sechs Achtel
$2\frac{1}{2}$ zweieinhalb	

Местоимение (das Pronomen)

распределительные числительные (образуются с суффиксом -ens)

1. erstens
2. zweitens
3. drittens

кратные числительные (образуются с суффиксами -mal, -lei, -fach)

einmal	zwanzigmal	hundertmal
zweimal	dreißigmal	tausendmal

zweierlei	hunderterlei
dreierlei	tausenderlei

einfach	zehnfach
zweifach, doppelt	zwanzigfach
dreifach	hundertfach

Местоимение

Личные местоимения (Personalpronomen)

Личные местоимения обозначают говорящего или группу лиц, от имени которых он выступает (1-е лицо), лицо или лиц, к которым говорящий обращается (2-е лицо) и лиц или предметов, о которых идет речь (3-е лицо).

		Singular			*Plural*	
1. Person	Nominativ	ich			wir	
	Akkusativ	mich			uns	
	Dativ	mir			uns	
	Genitiv**	(meiner)			(unser)	
2. Person	Nominativ	du			ihr	
	Akkusativ	dich			euch	
	Dativ	dir			euch	
	Genitiv**	(deiner)			(euer)	
		mask.	neutr.	femn.		
3. Person	Nominativ	er	es	sie	sie	Sie*
	Akkusativ	ihn	es	sie	sie	Sie
	Dativ	ihm	ihm	ihr	ihnen	Ihnen
	Genitiv**	(seiner)	(seiner, dessen)	(ihrer)	(ihrer, deren)	(Ihrer)

* Форма вежливого обращения. ** Эта форма мало употребляется.

Местоимение (das Pronomen)

Притяжательные местоимения (Possessivpronomen)

Притяжательные местоимения обозначают принадлежность или владение. Они употребляются:

1. как определение

	maskulin	*neutral*	*feminin*
1. Person	mein Sohn	mein Kind	meine Tochter
2. Person	dein Sohn	dein Kind	deine Tochter
3. Person maskulin / neutral	sein Sohn	sein Kind	seine Tochter
feminin	ihr Sohn	ihr Kind	ihre Tochter
1. Person	unser Sohn	unser Kind	unsere Tochter
2. Person	euer Sohn	euer Kind	eure Tochter
3. Person	ihr Sohn	ihr Kind	ihre Tochter
	Ihr Sohn	Ihr Kind	Ihre Tochter
1. Person	meine	Söhne, Kinder, Töchter	
2. Person	deine	Söhne, Kinder, Töchter	
3. Person	seine	Söhne, Kinder, Töchter	
	ihre	Söhne, Kinder, Töchter	
1. Person	unsere	Söhne, Kinder, Töchter	
2. Person	eure	Söhne, Kinder, Töchter	
3. Person	ihre	Söhne, Kinder, Töchter	
	Ihre	Söhne, Kinder, Töchter	

Склонение

		maskulin	*neutral*	*feminin*
Singular	Nominativ	mein Sohn	mein Kind	meine Tochter
	Akkusativ	mein**en** Sohn	mein Kind	meine Tochter
	Dativ	mein**em** Sohn	mein**em** Kind	mein**er** Tochter
	Genitiv	mein**es** Sohn**es**	mein**es** Kind**es**	mein**er** Tochter
Plural	Nominativ	meine Söhne, Kinder, Töchter		
	Akkusativ	meine Söhne, Kinder, Töchter		
	Dativ	mein**en** Söhnen, Kindern, Töchtern		
	Genitiv	mein**er** Söhne, Kinder, Töchter		

По такому же образцу склоняются все остальные притяжательные местоимения. В местоимении euer мужского рода во всех косвенных падежах, и euer среднего рода в дательном и родительном падежах выпадает e.

Местоимение (das Pronomen)

2. как замена существительного

	maskulin	neutral	feminin
1. Person	mein*er*	mein(e)s	mein*e*
2. Person	dein*er*	dein(e)s	dein*e*
3. Person	sein*er*	sein(e)s	sein*e*
	ihr*er*	ihr*es*	ihr*e*
1. Person	uns(e)r*er*	uns(e)r*es*	uns(e)r*e*
2. Person	eur*er*	eur*es*	eur*e*
3. Person	ihr*er*	ihr*es*	ihr*e*
	Ihr*er*	Ihr*es*	Ihr*e*

Склонение

		maskulin	neutral	feminin
Singular	Nominativ	mein*er*	mein(e)s	mein*e*
	Akkusativ	mein*en*	mein(e)s	mein*e*
	Dativ	mein*em*	mein*em*	mein*er*
	Genitiv	–	–	–
Plural	Nominativ	mein*e*		
	Akkusativ	mein*e*		
	Dativ	mein*en*		
	Genitiv	–		

Возвратные местоимения (Reflexivpronomen)

Возвратное местоимение sich употребляется только в 3-м лице единственного и множественного числа и в форме вежливого обращения; в остальных случаях употребляется винительный или дательный падеж соответствующего личного местоимения. Возвратные местоимения используются с возвратными глаголами и с глаголами, употребляемыми как возвратные, и показывают, что действие направлено на лицо, которое его совершает.

		1. Person	2. Person	3. Person
Singular	Nominativ	–	–	–
	Akkusativ	mich	dich	sich
	Dativ	mir	dir	sich
	Genitiv	meiner	deiner	seiner *selbst*, (femn.) ihrer *selbst*
Plural	Nominativ	–	–	–
	Akkusativ	uns	euch	sich / sich
	Dativ	uns	euch	sich / sich
	Genitiv	unser	euer	ihrer *selbst* / Ihrer *selbst*

Местоимение (das Pronomen)

Указательные местоимения (Demonstrativpronomen)

dieser

Указательное местоимение dies- указывает на определенное лицо или предмет.

1. как определение

		maskulin	*neutral*	*feminin*
Singular	Nominativ	dies*er* Mann	dies*es* Kind	dies*e* Frau
	Akkusativ	dies*en* Mann	dies*es* Kind	dies*e* Frau
	Dativ	dies*em* Mann	dies*em* Kind	dies*er* Frau
	Genitiv	dies*es* Mannes	dies*es* Kindes	dies*er* Frau
Plural	Nominativ	dies*e* Männer, Kinder, Frauen		
	Akkusativ	dies*e* Männer, Kinder, Frauen		
	Dativ	dies*en* Männern, Kindern, Frauen		
	Genitiv	dies*er* Männer, Kinder, Frauen		

2. как замена существительного

		maskulin	*neutral*	*feminin*
Singular	Nominativ	dies*er*	dies*es*	dies*e*
	Akkusativ	dies*en*	dies*es*	dies*e*
	Dativ	dies*em*	dies*em*	dies*er*
	Genitiv	(dessen)	(dessen)	(deren)
Plural	Nominativ	dies*e*		
	Akkusativ	dies*e*		
	Dativ	dies*en*		
	Genitiv	(deren)		

der

Указательное местоимение der (das, die) подчеркивает указание на определенное лицо или предмет; оно употребляется, главным образом, в разговорной речи.

1. как определение (всегда под ударением)

		maskulin	*neutral*	*feminin*
Singular	Nominativ	d*er* Mann	d*as* Kind	d*ie* Frau
	Akkusativ	d*en* Mann	d*as* Kind	d*ie* Frau
	Dativ	d*em* Mann	d*em* Kind	d*er* Frau
	Genitiv	(dieses Mannes)	(dieses Kindes)	(dieser Frau)

Местоимение (das Pronomen)

Plural	Nominativ	d*ie* Männer, Kinder, Frauen
	Akkusativ	d*ie* Männer, Kinder, Frauen
	Dativ	d*en* Männern, Kindern, Frauen
	Genitiv	(dies*er* Männer, Kinder, Frauen)

2. как замена существительного

		maskulin	*neutral*	*feminin*
Singular	Nominativ	d*er*	d*as*	d*ie*
	Akkusativ	d*en*	d*as*	d*ie*
	Dativ	d*em*	d*em*	d*er*
	Genitiv	d*essen*	d*essen*	d*eren*
Plural	Nominativ	d*ie*		
	Akkusativ	d*ie*		
	Dativ	d*enen*		
	Genitiv	d*eren*		

jener

Указательное местоимение jener указывает на кого-либо или на что-либо находящееся на удалении. Оно употребляется только как противопоставление местоимениям dieser или der.

1. как определение

		maskulin	*neutral*	*feminin*
Singular	Nominativ	jen*er* Mann	jen*es* Kind	jen*e* Frau
	Akkusativ	jen*en* Mann	jen*es* Kind	jen*e* Frau
	Dativ	jen*em* Mann	jen*em* Kind	jen*er* Frau
	Genitiv	jen*es* Mannes	jen*es* Kindes	jen*er* Frau
Plural	Nominativ	jen*e* Männer, Kinder, Frauen		
	Akkusativ	jen*e* Männer, Kinder, Frauen		
	Dativ	jen*en* Männern, Kindern, Frauen		
	Genitiv	jen*er* Männer, Kinder, Frauen		

2. как замена существительного

		maskulin	*neutral*	*feminin*
Singular	Nominativ	jen*er*	jen*es*	jen*e*
	Akkusativ	jen*en*	jen*es*	jen*e*
	Dativ	jen*em*	jen*em*	jen*er*
	Genitiv	–	–	–

Местоимение (das Pronomen)

Plural	Nominativ	jene
	Akkusativ	jene
	Dativ	jenen
	Genitiv	–

derselbe

Указательное местоимение derselbe обозначает идентичность лиц или предметов.

1. как определение

		maskulin	neutral	feminin
Singular	Nominativ	derselbe Mann	dasselbe Kind	dieselbe Frau
	Akkusativ	denselben Mann	dasselbe Kind	dieselbe Frau
	Dativ	demselben Mann	demselben Kind	derselben Frau
	Genitiv	desselben Mannes	desselben Kindes	derselben Frau
Plural	Nominativ	dieselben Männer, Kinder, Frauen		
	Akkusativ	dieselben Männer, Kinder, Frauen		
	Dativ	denselben Männern, Kindern, Frauen		
	Genitiv	derselben Männer, Kinder, Frauen		

2. как замена существительного

		maskulin	neutral	feminin
Singular	Nominativ	derselbe	dasselbe	dieselbe
	Akkusativ	denselben	dasselbe	dieselbe
	Dativ	demselben	demselben	derselben
	Genitiv	desselben	desselben	derselben
Plural	Nominativ	dieselben		
	Akkusativ	dieselben		
	Dativ	denselben		
	Genitiv	derselben		

derjenige

Указательное местоимение derjenige указывает на последующее придаточное определительное предложение, которое характеризует лицо как предмет.

1. как определение

Местоимение (das Pronomen)

		maskulin	neutral	feminin
Singular	Nominativ	derjenige Mann	dasjenige Kind	diejenige Frau
	Akkusativ	denjenigen Mann	dasjenige Kind	diejenige Frau
	Dativ	demjenigen Mann	demjenigen Kind	derjenigen Frau
	Genitiv	desjenigen Mannes	desjenigen Kindes	derjenigen Frau
Plural	Nominativ	diejenigen Leute		
	Akkusativ	diejenigen Leute		
	Dativ	denjenigen Leute		
	Genitiv	derjenigen Leute		

2. как замена существительного

		maskulin	neutral	feminin
Singular	Nominativ	derjenige	dasjenige	diejenige
	Akkusativ	denjenigen	dasjenige	diejenige
	Dativ	demjenigen	demjenigen	derjenigen
	Genitiv	desjenigen	desjenigen	derjenigen
Plural	Nominativ	diejenigen		
	Akkusativ	diejenigen		
	Dativ	denjenigen		
	Genitiv	derjenigen		

Вопросительные местоимения (Fragepronomen)

wer? was?

Вопросительное местоимение wer относится к лицам, вопросительное местоимение was – к предметам, понятиям и фактам.

Nominativ	wer?	was?
Akkusativ	wen?	was?
Dativ	wem?	–
Genitiv	wessen?	wessen?

welch-?

Вопросительное местоимение welch- относится к лицу или предмету из известной группы лиц или предметов с целью их идентификации.

1. как определение

Местоимение (das Pronomen)

		maskulin	neutral	feminin
Singular	Nominativ	welcher Mann?	welches Kind?	welche Frau?
	Akkusativ	welchen Mann?	welches Kind?	welche Frau?
	Dativ	welchem Mann?	welchem Kind?	welcher Frau?
	Genitiv	welches Mannes? welchen Mannes?	welches Kindes? welchen Kindes?	welcher Frau?
Plural	Nominativ	welche Männer, Kinder, Frauen?		
	Akkusativ	welche Männer, Kinder, Frauen?		
	Dativ	welchen Männern, Kindern, Frauen?		
	Genitiv	welcher Männer, Kinder, Frauen?		

2. как замена существительного

		maskulin	neutral	feminin
Singular	Nominativ	welcher?	welches?	welche?
	Akkusativ	welchen?	welches?	welche?
	Dativ	welchem?	welchem?	welcher?
	Genitiv	welches?	welches?	welcher?
Plural	Nominativ	welche?		
	Akkusativ	welche?		
	Dativ	welchen?		
	Genitiv	welcher?		

was für ein-?

Вопросительное местоимение was für ein-? (множественное число was für? was für welche?) употребляется при классификации или группировке лиц, или предметов, или их вида / рода.

1. как определение

		maskulin	neutral	feminin
Singular	Nominativ	was für ein Mann?	was für ein Kind?	was für eine Frau?
	Akkusativ	was für einen Mann?	was für ein Kind?	was für eine Frau?
	Dativ	was für einem Mann?	was für einem Kind?	was für einer Frau?
	Genitiv	was für eines Mannes?	was für eines Kindes?	was für einer Frau?
Plural	Nominativ	was für Männer, Kinder, Frauen?		
	Akkusativ	was für Männer, Kinder, Frauen?		
	Dativ	was für Männern, Kindern, Frauen?		
	Genitiv	–		

Местоимение (das Pronomen)

2. как замена существительного

		maskulin	neutral	feminin
Singular	Nominativ	was für einer?	was für eins?	was für eine?
	Akkusativ	was für einen?	was für eins?	was für eine?
	Dativ	was für einem?	was für einem?	was für einer?
	Genitiv	was für eines?	was für eines?	was für einer?
Plural	Nominativ	was für welche?		
	Akkusativ	was für welche?		
	Dativ	was für welchen?		
	Genitiv	–		

Относительные местоимения (Relativpronomen)

der (welcher)

1. Относительное местоимение der вводит придаточные определительные предложения, которые относятся к ранее названным лицам, предметам, понятиям или фактам.

		maskulin	neutral	feminin
Singular	Nominativ	..., der ...	..., das ...	..., die ...
	Akkusativ	..., den ...	..., das ...	..., die ...
	Dativ	..., dem ...	..., dem ...	..., der ...
	Genitiv	..., dessen ...	..., dessen ...	..., deren ...
				derer ...
Plural	Nominativ	..., die ...		
	Akkusativ	..., die ...		
	Dativ	..., denen ...		
	Genitiv	..., deren ...		
		derer, ...		

Местоимение derer употребляется только в главном предложении и указывает на лицо или предмет, о котором говорится в придаточном предложении.

2. Относительное местоимение welcher употребляется, как правило, только для того, чтобы избежать повторения одинаковых местоимений.

Местоимение (das Pronomen)

		maskulin	neutral	feminin
Singular	Nominativ	..., welcher ...	..., welches ...	..., welche ...
	Akkusativ	..., welchen ...	..., welches ...	..., welche ...
	Dativ	..., welchem ...	..., welchem ...	..., welcher ...
	Genitiv	..., (dessen) ...	..., (dessen) ...	..., (deren) ...
Plural	Nominativ	..., welche ...		
	Akkusativ	..., welche ...		
	Dativ	..., welchen ...		
	Genitiv	..., (deren) ...		

wer...; was...

Относительное местоимение der относится к лицам, не характеризуемым более подробно, a das – к неопределенным предметам, понятиям, фактам.

1.	Nominativ	Wer ..., (der) den dem dessen ...
	Akkusativ	Wen ..., der (den) dem dessen ...
	Dativ	Wem ..., der den (dem) dessen ...
	Genitiv	Wessen ..., der den dem dessen ...
2.	Nominativ	Was ..., (das) ...
	Akkusativ	Was ..., (das) ...
	Dativ	–
	Genitiv	–

Неопределенные местоимения (unbestimmte Pronomen)

all-

all- обозначает совокупность лиц или предметов

1. как определение

		с последующим определением
Nominativ	alle Leute	alle guten Leute
Akkusativ	alle Leute	alle guten Leute
Dativ	allen Leuten	allen guten Leuten
Genitiv	aller Leute	aller guten Leuten

2. как замена существительного

Nominativ	alle
Akkusativ	alle
Dativ	allen
Genitiv	aller

Местоимение (das Pronomen)

alles

		с определением
Nominativ	alles	alles Wichtige
Akkusativ	alles	alles Wichtige
Dativ	allem	allem Wichtigen
Genitiv	–	alles Wichtigen

ein-

		maskulin	neutral	feminin
Singular	Nominativ	einer	ein(e)s	eine
	Akkusativ	einen	ein(e)s	eine
	Dativ	einem	einem	einer
	Genitiv	–	–	–
Plural	Nominativ	(welche)		
	Akkusativ	(welche)		
	Dativ	(welchen)		
	Genitiv	–		

einig-

einig- обозначает небольшое число из большого числа или количества

1. как определение

		с последующим определением
Nominativ	einige Freunde	einige gute Freunde
Akkusativ	einige Freunde	einige gute Freunde
Dativ	einigen Freunden	einigen guten Freunden
Genitiv	einiger Freunde	einiger guter Freunde

	maskulin	neutral	feminin
Nominativ	einiger Mut	einiges Geld	einige Zeit
Akkusativ	einigen Mut	einiges Geld	einige Zeit
Dativ	einigem Mut	einigem Geld	einiger Zeit
Genitiv	–	–	–

2. как замена существительного

			с определением
Nominativ	einige	einiges	einiges Wichtige
Akkusativ	einige	einiges	einiges Wichtige
Dativ	einigen	einigem	einigem Wichtigen
Genitiv	einiger	–	–

Местоимение

Местоимение (das Pronomen)

einzeln-

1. как определение

		с последующим определением
Nominativ	einzelne Männer	einzelne junge Männer
Akkusativ	einzelne Männer	einzelne junge Männer
Dativ	einzelnen Männern	einzelnen jungen Männern
Genitiv	einzelner Männer	einzelner junger Männer

2. как замена существительного

Nominativ	einzelne	einzelnes
Akkusativ	einzelne	einzelnes
Dativ	einzelnen	einzelnem
Genitiv	einzelner	–

etlich-

etlich- можно рассматривать как синоним к einig-

1. как определение

		с последующим определением
Nominativ	etliche Männer	etliche junge Männer
Akkusativ	etliche Männer	etliche junge Männer
Dativ	etlichen Männern	etlichen jungen Männern
Genitiv	etlicher Männer	etlicher junger Männer

2. как замена существительного

			с определением
Nominativ	etliche	etliches	etliches Neue
Akkusativ	etliche	etliches	etliches Neue
Dativ	etlichen	etlichem	etlichem Neuen

etwas (краткая форма: was)

		с определением
Nominativ	etwas	etwas Neues
Akkusativ	etwas	etwas Neues
Dativ	etwas	etwas Neuem
Genitiv	–	–

Местоимение (das Pronomen)

nichts

		с определением
Nominativ	nichts	nichts Neues
Akkusativ	nichts	nichts Neues
Dativ	nichts	nichts Neuem

irgendwer

irgendwer относится к неопределенному, но любому возможному лицу

			с последующим определением
Singular	Nominativ	irgendwer	irgendwer Bekanntes
	Akkusativ	irgendwen	irgendwen Bekanntes
			irgendwen Bekannten
	Dativ	irgendwem	irgendwem Bekanntem
	Genitiv	–	–
Plural	Nominativ	irgendwelche	irgendwelche Bekannte
	Akkusativ	irgendwelche	irgendwelche Bekannte
	Dativ	irgendwelchen	irgendwelchen Bekannten
	Genitiv	irgendwelcher	irgendwelcher Bekannten

jed-

1. как определение

	maskulin	*neutral*	*feminin*
Nominativ	jeder Mann	jedes Kind	jede Frau
Akkusativ	jeden Mann	jedes Kind	jede Frau
Dativ	jedem Mann	jedem Kind	jeder Frau
Genitiv	jedes Mannes	jedes Kindes	jeder Frau

	с последующим определением		
	maskulin	*neutral*	*feminin*
Nominativ	jeder kluge Mann	jedes brave Kind	jede junge Frau
Akkusativ	jeden klugen Mann	jedes brave Kind	jede junge Frau
Dativ	jedem klugen Mann	jedem braven Kind	jeder jungen Frau
Genitiv	jedes klugen Mannes	jedes braven Kindes	jeder jungen Frau
Nominativ	ein jeder Mann	ein jedes Kind	eine jede Frau
Akkusativ	einen jeden Mann	ein jedes Kind	eine jede Frau
Dativ	einem jeden Mann	einem jeden Kind	einer jeden Frau
Genitiv	eines jeden Mannes	eines jeden Kindes	einer jeden Frau

Местоимение (das Pronomen)

2. как замена существительного

	maskulin	neutral	feminin
Nominativ	jeder	jedes	jede
Akkusativ	jeden	jedes	jede
Dativ	jedem	jedem	jeder
Genitiv	–	–	–

с определением

	maskulin	neutral	feminin
Nominativ	jeder einzelne	jedes einzelne	jede einzelne
Akkusativ	jeden einzelnen	jedes einzelne	jede einzelne
Dativ	jedem einzelnen	jedem einzelnen	jeder einzelnen
Genitiv	–	–	–
Nominativ	ein jeder einzelne	ein jedes einzelne	eine jede einzelne
Akkusativ	einen jeden einzelnen	ein jedes einzelne	eine jede einzelne
Dativ	einem jedem einzelnen	einem jeden einzelnen	einer jeden einzelnen
Genitiv	eines jeden einzelnen	eines jeden einzelnen	einer jeden einzelnen

jedermann

jedermann обозначает любое лицо

Nominativ	jedermann
Akkusativ	jedermann
Dativ	jedermann
Genitiv	jedermanns

jemand

		с определением
Nominativ	jemand	jemand Bekanntes, jemand Bekannter
Akkusativ	jemand(en)	jemand Bekanntes, jemand Bekannten
Dativ	jemand(em)	jemand Bekanntem
Genitiv	jemands	–

niemand

		с определением
Nominativ	niemand	niemand Bekanntes, niemand Bekannter
Akkusativ	niemand(en)	niemand Bekanntes, niemand Bekannten
Dativ	niemand(em)	niemand Bekanntem
Genitiv	niemands	–

Местоимение (das Pronomen)

kein-

		maskulin	neutral	feminin
Singular	Nominativ	kein*er*	kein(*e*)*s*	kein*e*
	Akkusativ	kein*en*	kein(*e*)*s*	kein*e*
	Dativ	kein*em*	kein*em*	kein*er*
	Genitiv	–	–	–
Plural	Nominativ	kein*e*		
	Akkusativ	kein*e*		
	Dativ	–		
	Genitiv	–		

man

man может относится как к неизвестному лицу (jemand), так и к определенной группе лиц в целом

Nominativ	man
Akkusativ	(einen)
Dativ	(einem)
Genitiv	–

manch-

1. как определение

		maskulin	neutral	feminin
Singular	Nominativ	manch*er* Mann	manch*es* Kind	manch*e* Frau
	Akkusativ	manch*en* Mann	manch*es* Kind	manch*e* Frau
	Dativ	manch*em* Mann	manch*em* Kind	manch*er* Frau
	Genitiv	manch*en* Mannes manch*es* Herrn	manch*en* Kindes	manch*er* Frau
Plural	Nominativ	manch*e* Leute		
	Akkusativ	manch*e* Leute		
	Dativ	manch*en* Leuten		
	Genitiv	manch*er* Leute		

		с последующим определением		
		maskulin	neutral	feminin
Singular	Nominativ	manch*er* kluge Mann	manch*es* gute Kind	manch*e* junge Frau
	Akkusativ	manch*en* klug*en* Mann	manch*es* gute Kind	manch*e* junge Frau
	Dativ	manch*em* klug*en* Mann	manch*em* gut*en* Kind	manch*er* jung*en* Frau
	Genitiv	manch*es* klug*en* Mannes	manch*es* gut*en* Kindes	manch*er* jung*en* Frau

Местоимение (das Pronomen)

Plural	Nominativ	manche reichen Leute	manche reiche Leute
	Akkusativ	manche reichen Leute	manche reiche Leute
	Dativ	manchen reichen Leuten	manchen reichen Leuten
	Genitiv	mancher reichen Leute	mancher reicher Leute

		maskulin	*neutral*	*feminin*
Singular	Nominativ	manch kluger Mann	manch gutes Kind	manch junge Frau
	Akkusativ	manch klugen Mann	manch gutes Kind	manch junge Frau
	Dativ	manch klugem Mann	manch gutem Kind	manch junger Frau
	Genitiv	manch klugen Mannes	manch guten Kindes	manch junger Frau
Plural	Nominativ	manch reiche Leute		
	Akkusativ	manch reiche Leute		
	Dativ	manch reichen Leuten		
	Genitiv	manch reicher Leute		

	maskulin	*neutral*	*feminin*
Nominativ	manch ein kluger Mann	manch ein gutes Kind	manch eine junge Frau
Akkusativ	manch einen klugen Mann	manch ein gutes Kind	manch eine junge Frau
Dativ	manch einem klugen Mann	manch einem guten Kind	manch einer jungen Frau
Genitiv	manch eines klugen Mann	manch eines guten Kindes	manch einer jungen Frau

2. как замена существительного

		maskulin	*neutral*	*feminin*
Singular	Nominativ	mancher	manches	manche
	Akkusativ	manchen	manches	manche
	Dativ	manchem	manchem	mancher
	Genitiv	–	–	–
Plural	Nominativ	manche		
	Akkusativ	manche		
	Dativ	manchen		
	Genitiv	–		

с определением

	maskulin	*neutral*	*feminin*	*neutral*
Nominativ	manch einer	manch ein(e)s	manch eine	manches Neue
Akkusativ	manch einen	manch ein(e)s	manch eine	manches Neue
Dativ	manc einem	manch einem	manch einer	manchem Neuen
Genitiv	–			

Местоимение (das Pronomen)

mehrer-

1. как определение

		с последующим определением
Nominativ	mehrere Jungen	mehrere freche Jungen
Akkusativ	mehrere Jungen	mehrere freche Jungen
Dativ	mehreren Jungen	mehreren frechen Jungen
Genitiv	mehrerer Jungen	mehrerer frecher Jungen

2. как замена существительного

Nominativ	mehrere
Akkusativ	mehrere
Dativ	mehreren
Genitiv	mehrerer

sämtlich-

как определение

		с последующим определением
Nominativ	sämtliche Bücher	sämtliche billigen Bücher
Akkusativ	sämtliche Bücher	sämtliche billigen Bücher
Dativ	sämtlichen Büchern	sämtlichen billigen Büchern
Genitiv	sämtlicher Bücher	sämtlicher billigen Bücher
Nominativ	die sämtlichen Bücher	die sämtlichen billigen Bücher
Akkusativ	die sämtlichen Bücher	die sämtlichen billigen Bücher
Dativ	den sämtlichen Büchern	den sämtlichen billigen Büchern
Genitiv	der sämtlichen Bücher	der sämtlichen billigen Bücher

solch-

1. как определение

		maskulin	neutral	feminin
Singular	Nominativ	solcher Mann	solches Kind	solche Frau
	Akkusativ	solchen Mann	solches Kind	solche Frau
	Dativ	solchem Mann	solchem Kind	solcher Frau
	Genitiv	solchen Mannes / solches Herrn	solches Kindes	solcher Frau
Plural	Nominativ	solche Leute		
	Akkusativ	solche Leuten		
	Dativ	solchen Leuten		
	Genitiv	solcher Leute		

Местоимение (das Pronomen)

с последующим определением

		maskulin	neutral	feminin
Singular	Nominativ	solcher kluge Mann	solches gute Kind	solche junge Frau
	Akkusativ	solchen klugen Mann	solches gute Kind	solche junge Frau
	Dativ	solchem klugen Mann	solchem guten Kind	solcher jungen Frau
	Genitiv	solches klugen Mannes	solches guten Kindes	solcher jungen Frau
Plural	Nominativ	solche reichen Leute	solche reiche Leute	
	Akkusativ	solche reichen Leute	solche reiche Leute	
	Dativ	solchen reichen Leuten	solchen reichen Leuten	
	Genitiv	solcher reichen Leute	solcher reicher Leute	

		maskulin	neutral	feminin
Singular	Nominativ	solch kluger Mann	solch gutes Kind	solch junge Frau
	Akkusativ	solch klugen Mann	solch gutes Kind	solch junge Frau
	Dativ	solch klugem Mann	solch gutem Kind	solch junger Frau
	Genitiv	solch klugen Mannes	solch guten Kindes	solch junger Frau
Plural	Nominativ	solch reiche Leute		
	Akkusativ	solch reiche Leute		
	Dativ	solch reichen Leuten		
	Genitiv	solch reicher Leute		

Singular	maskulin	neutral	feminin
Nominativ	solch ein kluger Mann	solch ein gutes Kind	solch eine junge Frau
Akkusativ	solch einen klugen Mann	solch ein gutes Kind	solch eine junge Frau
Dativ	solch einem klugen Mann	solch einem guten Kind	solch einer jungen Frau
Genitiv	solch eines klugen Mannes	solch eines guten Kindes	solch einer jungen Frau

2. как замена существительного

		maskulin	neutral	feminin
Singular	Nominativ	solcher	solches	solche
	Akkusativ	solchen	solches	solche
	Dativ	solchem	solchem	solcher
	Genitiv	–	–	–
Plural	Nominativ	solche		
	Akkusativ	solche		
	Dativ	solchen		
	Genitiv	–		

Местоимение (das Pronomen)

		с определением		
		maskulin	*neutral*	*feminin*
Singular	Nominativ	solch ein*er*	solch ein(e)*s*	solch ein*e*
	Akkusativ	solch ein*en*	solch ein(e)*s*	solch ein*e*
	Dativ	solch ein*em*	solch ein*em*	solch ein*er*
	Genitiv	–	–	–

viel-

1. как определение

		с последующим определением
Nominativ	viele Freunde	viele gute Freunde
Akkusativ	viele Freunde	viele gute Freunde
Dativ	viel*en* Freunden	viel*en* gut*en* Freunden
Genitiv	viel*er* Freunde	viel*er* gut*er* Freunde

	maskulin	*neutral*	*feminin*
Nominativ	viel Mut	viel Geld	viel Zeit
Akkusativ	viel Mut	viel Geld	viel Zeit
Dativ	viel Mut	viel Geld	viel Zeit
Genitiv	–	–	–

		с последующим определением
Nominativ	die viel*en* Freunde	die viel*en* gut*en* Freunde
Akkusativ	die viel*en* Freunde	die viel*en* gut*en* Freunde
Dativ	den viel*en* Freunden	den viel*en* gut*en* Freunden
Genitiv	der viel*en* Freunde	der viel*en* gut*en* Freunde

	maskulin	*neutral*	*feminin*
Nominativ	der viele Mut	das viele Geld	die viele Zeit
Akkusativ	den viel*en* Mut	das viele Geld	die viele Zeit
Dativ	dem viel*en* Mut	dem viel*en* Geld	der viel*en* Zeit
Genitiv	des viel*en* Mutes	des viel*en* Geldes	der viel*en* Zeit

2. как замена существительного

			с определением	
Nominativ	viele	viele*s*	viel Gutes	viele*s* Gute
Akkusativ	viele	viele*s*	viel Gutes	viele*s* Gute
Dativ	viel*en*	viele*m*	viel Gute*m*	viele*m* Gute*m*
Genitiv	viel*er*	–	–	–

Местоимение (das Pronomen)

Nominativ	die vielen	das viele	das viele Gute
Akkusativ	die vielen	das viele	das viele Gute
Dativ	den vielen	dem vielen	dem vielen Guten
Genitiv	der vielen	des vielen	des vielen Guten

wenig-

1. как определение

		с последующим определением
Nominativ	wenige Bücher	wenige gute Bücher
Akkusativ	wenige Bücher	wenige gute Bücher
Dativ	wenigen Büchern	wenigen guten Büchern
Genitiv	weniger Bücher	weniger guter Bücher

	maskulin	neutral	feminin
Nominativ	wenig Schnee	wenig Geld	wenig Milch
Akkusativ	wenig Schnee	wenig Geld	wenig Milch
Dativ	wenig Schnee	wenig Geld	wenig Milch
Genitiv	–	–	–

		с последующим определением
Nominativ	die wenigen Bücher	die wenigen guten Bücher
Akkusativ	die wenigen Bücher	die wenigen guten Bücher
Dativ	den wenigen Büchern	den wenigen guten Büchern
Genitiv	der wenigen Bücher	der wenigen guten Bücher

	maskulin	neutral	feminin
Nominativ	der wenige Schnee	das wenige Geld	die wenige Milch
Akkusativ	den wenigen Schnee	das wenige Geld	die wenige Milch
Dativ	dem wenigen Schnee	dem wenigen Geld	der wenigen Milch
Genitiv	–	–	–

2. как замена существительного

			с определением
Nominativ	wenige	weniges	wenig Gutes
Akkusativ	wenige	weniges	wenig Gutes
Dativ	wenigen	wenigem	wenig Gutem
Genitiv	weniger	–	–

Наречие (das Adverb)

Nominativ	die wenigen	das wenige	das wenig Gute	das wenige Gute
Akkusativ	die wenigen	das wenige	das wenig Gute	das wenige Gute.
Dativ	den wenigen	dem wenigen	dem wenig Guten	dem wenigen Guten
Genitiv	der wenigen	des wenigen	des wenig Guten	des wenigen Guten

Наречие

Наречие обозначают место, время и характер действия, а также отношение говорящего к действию. В предложении они всегда являются обстоятельством.

Наречия места

ab   прочь, вниз

An deinem Mantel ist ein Knopf ab.

abwärts   вниз

Die Straße führt abwärts ins Tal.

allenthalben   (по)всюду, везде

Im Mai blühen allenthalben die Bäume.

anderswo   где-нибудь, в другом месте

Meine Brille ist nicht hier. Sie muß anderswo liegen.

anderswoher   откуда-нибудь, из другого места

Kommt der Mann aus Köln? Nein, er muß von anderswoher kommen.

anderswohin   куда-нибудь, в другое место

Fahrt ihr wieder in die Berge? Nein, anderswohin.

aufwärts   наверх, вверх

Wir müssen warten. Der Fahrstuhl geht jetzt gerade aufwärts.

außen   снаружи

Die Mauer soll außen weiß gestrichen werden.

Наречие (das Adverb)

da   тут, здесь; там

Ist Herr Müller da? Ja.
Da liegt ein Buch.

daheim   дома, у себя

Morgen um diese Zeit sind wir wieder daheim.

daher   оттуда

Wir kaufen alles im Kaufhaus. Auch unsere Möbel haben wir von daher.

dahin   туда

Wir fahren nach Paris. Fahrt ihr auch dahin?

daneben   рядом, возле

Hier ist der Sessel. Daneben steht eine Lampe.

darüber, darunter   над ним, под ним, между ними
dazwischen

Dort ist die Couch. Darüber hängt ein Bild.

dort   там

Ist Peter jetzt in der Fabrik? Ja, er arbeitet dort.

dorther   оттуда

Siehst du dort die Molkerei? Dorther bekommen wir unsere Milch.

dorthin   туда

Kennst du Sydney? Ich möchte gern einmal dorthin reisen.

drin (darin)   в нем, там

Wieviel Milch ist in der Kanne? Es sind ungefähr zwei Liter drin.

draußen   снаружи

Schau mal aus dem Fenster, wie es draußen regnet.

Наречие (das Adverb)

drinnen — внутри

Draußen ist es kalt, aber drinnen im Haus ist es warm.

droben — (там) наверху

Droben auf dem Berg steht ein Kreuz.

drüben — (там) на той стороне

Waren Sie lange in Amerika? Ich war etwa zwei Jahre drüben.

drunten — под ним, (там) внизу

Die Mühle steht drunten im Tal.

fort — прочь, вон

Wo ist Karl? Er ist fort.

herab — вниз

Komm von der Leiter herab!

herauf — вверх

Er kommt zu uns herauf.

herüber — сюда (на эту сторону)

Kommt auf diese Straßenseite herüber!

herunter — вниз (сюда)

Peter kommt vom Baum herunter.

hier — здесь

Gibt es hier in dieser Stadt ein Theater?

hierher — сюда

Setz dich hierher zu mir.

hierhin — туда

Stell die Tasche hierhin.

Наречие (das Adverb)

hinab вниз (туда)

Sie geht die Treppe hinab.

hinauf вверх (туда)

Wir steigen bis zum Gipfel hinauf.

hinaus наружу

Er geht in den Garten hinaus.

hinein в, внутрь

Gehen Sie schon hinein! Ich komme gleich.

hinten позади, сзади

Siehst du dort hinten die Kinder?

hinüber на ту сторону

Fritz steht auf der anderen Straßenseite. Hans geht zu ihm hinüber.

hinunter вниз

Fall nur nicht die Treppe hinunter!

hüben на эту сторону

Der Fährmann bringt die Leute von hüben nach drüben.

innen внутри

Die Tasche ist innen mit Seide gefüttert.

irgendwo где-то, где-нибудь

Hast du meine Brille gesehen? Ich habe sie irgendwo liegen lassen.

irgendwoher откуда-то, откуда-нибудь

Von wem hast du das Geld? Du mußt es doch irgendwoher haben.

irgendwohin куда-то, куда-нибудь

Wohin fährt Hans? Ich weiß es nicht. Irgendwohin jedenfalls.

Наречие (das Adverb)

links — слева

Links von dir liegt mein Buch.

nirgends — нигде

Wo ist nur mein Portemonnaie? Ich habe es nirgends gefunden.

nirgendwo — нигде

Nirgendwo gibt es so viele Hasen wie in dieser Gegend.

nirgendwoher — ниоткуда

Woher habt ihr die schönen Äpfel? Nirgendwoher.

nirgendwohin — никуда

Fahren Sie heute fort? Nein, bei diesem Wetter fahre ich nirgendwohin.

oben — наверху, вверху

Ist mein Koffer hier? Ja, er liegt oben auf dem Schrank.

rechts — справа

Rechts neben dem Hotel ist das Reisebüro.

rückwärts — обратно, назад

Fahren Sie bitte rückwärts in die Garage!

seitwärts — в сторону, сбоку

Er fuhr von der Straße hinunter seitwärts in den Wald hinein.

überall — везде, (по)всюду

Ich habe meine Brille überall gesucht, aber nirgends gefunden.

überallher — отовсюду

Sportler kamen von überallher in unsere Stadt.

überallhin — всюду

Im Sommer fahren Touristen überallhin, wo es schön ist.

Наречие (das Adverb)

unten — внизу

Unsere Heizungsanlage ist unten im Keller.

vorn — впереди, спереди

Das Geld liegt vorn in der Schublade.

vorwärts — вперед

Machen Sie drei Schritte vorwärts!

weg — прочь

Das Geld ist weg. Jemand muß es gestohlen haben.

woanders — где-либо (в другом месте)

In diesem Jahr wollen wir unseren Urlaub woanders verbringen, nicht wieder in den Bergen.

woandersher — откуда-либо (из другого места)

Er kommt nicht aus Berlin, sondern woandersher.

woandershin — куда-либо (в другое место)

Am Sonntag fahren wir nicht nach Köln, sondern woandershin.

Наречия времени

abends — вечером, по вечерам

Die Läden schließen abends um 19 Uhr.

abermals — вторично, повторно

Neulich habe ich dir schon Geld geliehen. Heute kommst du abermals und bittest um Geld.

von alters her — издавна

Das Fest wird von alters her in dieser Gegend gefeiert.

anfangs — вначале, сначала

Anfangs war der kleine Junge sehr schüchtern.

Наречие (das Adverb)

augenblicklich — в данный момент

Er hat augenblicklich sehr viel zu tun.

bald — скоро

Noch liegt überall Schnee, aber bald werden die ersten Frühlingsblumen zu sehen sein.

bereits — уже

Schließen Sie bitte die Haustür ab. – Ich habe sie bereits abgeschlossen.

bis dahin — до тех пор

In wenigen Tagen ist mein Urlaub zu Ende. Bis dahin werde ich mir aber noch ein paar schöne Tage machen.

bisher — до сих пор

Jetzt ist er Kassierer an seiner Bank. Bisher war er in der Devisenabteilung tätig.

bis jetzt — до сих пор

Ich warte auf eine Nachricht von der Firma. Bis jetzt hat sie noch nichts von sich hören lassen.

bisweilen — иногда, по временам

An der Nordseeküste kann es auch im Hochsommer bisweilen recht kühl sein.

da — тут, в этот момент

Wir hatten uns gerade zu Tisch gezetzt, da ging plötzlich das Licht aus.

damals — тогда, в то время

Er wurde 1921 geboren. Seine Eltern wohnten damals in Berlin.

dann — потом, затем

Zuerst war er Koch in einem Hotel, dann wurde er Schiffskoch.

dann und wann — изредка, время от времени

Наречие (das Adverb)

Er hat in seinem Geschäft sehr viel zu tun. Glücklicherweise hilft ihm dann und wann sein Bruder im Laden aus.

danach — затем, потом

Wir gingen zusammen ins Theater. Danach saßen wir noch ein wenig in einer nahegelegenen Weinstube gemütlich beisammen.

darauf — после этого, затем, потом

Der Fahrdienstleiter gab das Abfahrtssignal. Darauf setzte sich der Zug sofort in Bewegung.

eben — только что

Läuft das Fernsehprogramm schon lange? Nein, es hat eben begonnen.

ehemals — некогда

Das ist Herr Groß, ehemals Vorsitzender des Sportvereins.

einst — когда-то, некогда

Einst lebte in einem fernen Land eine schöne Königstochter.

einstmals — однажды, когда-то

Diese Ruine war einstmals eine Ritterburg.

einstweilen — пока, пока что

Der Herr Direktor kommt gleich. Nehmen Sie einstweilen hier Platz!

endlich — наконец

Nach einem vielstündigen Marsch langten wir endlich in einem kleinen Dorf an.

erst — сначала, сперва

Erst sagst du, daß du Durst hast, und dann trinkst du nichts von dem, was wir dir angeboten haben.

früh — рано

Morgen müssen wir früh aufstehen.

Наречие (das Adverb)

gerade — как раз

Wo ist Fritz? Dort kommt er gerade.

gestern — вчера

Gestern war ein Feiertag.

gewöhnlich — обычно

Wann kommt er? Gewöhnlich kommt er gegen 8 Uhr.

gleich — сейчас

Herr Ober! – Ich komme gleich, mein Herr.

häufig — часто

Hans war im letzten Jahr häufig krank.

hernach — потом, после этого

Wir wollen sofort essen. Hernach können wir noch ein wenig spazierengehen.

heute (heute morgen, heute mittag, heute abend, heute nacht) — сегодня (сегодня утром, сегодня днем, сегодня вечером, сегодня ночью)

Heute ist der 12. Juni. Heute abend findet im Kursaal ein Konzert statt.

immer — всегда

Du kommst immer pünktlich ins Büro.

auf immer — навсегда

Er hat uns auf immer verlassen.

für immer — навсегда

Bleibst du für immer bei uns?

immerfort — постоянно, беспрерывно

Warum muß der Junge immerfort lügen?

Наречие (das Adverb)

immerzu — постоянно, все время

Im Käfig ging der Tiger immerzu vor dem Gitter auf und ab.

inzwischen — между тем, тем временем

Du kommst zu spät. Wir sind mit der Arbeit inzwischen fertig geworden.

jährlich — ежегодно

Sein Einkommen beträgt jährlich mehr als hunderttausend Mark.

je, jemals — когда-либо

Sind Sie jemals in Japan gewesen?

jetzt — теперь, сейчас

Wieviel Uhr ist es jetzt?

jüngst — недавно

Er hat jüngst die Tochter seines Chefs geheiratet.

künftig — в будущем, впредь

Er wird künftig die Leitung der Fabrik innehaben.

künflighin — впредь

Wollen Sie mir künftighin regelmäßig die wichtigsten Informationen zukommen lassen?

kürzlich — недавно

Kürzlich hat uns Onkel Otto besucht.

lange — долго

Du hast dich lange in München aufgehalten.

manchmal — иногда

Im Fernsehen werden manchmal ganz ausgezeichnete Theaterstücke gezeigt.

Наречие (das Adverb)

meistens — чаще всего, в большинстве случаев

In den klaren Winternächten sinkt die Temperatur meistens weit unter null Grad.

mitunter — иногда, порой

Wir haben mitunter starke Zweifel, ob der Abgeordnete wirklich immer unsere Interessen vertritt.

morgen (morgen früh, morgen mittag, morgen abend) — завтра (завтра утром, завтра днем, завтра вечером)

Morgen ist Sonntag. Wir werden morgen früh um 7 Uhr aufstehen und zum Baden an den See fahren.

nachher — после этого, потом

Der Direktor diktiert gerade Briefe. Nachher muß er zu einer Besprechung.

nächstens — в будущем, в скором времени

Im Kino bringen sie nächstens einen spannenden Krimi(nalfilm).

nachts — ночью, по ночам

Das Schloß wird nachts durch Scheinwerfer angestrahlt.

neulich — недавно, на днях

Warum seid ihr neulich nicht zu uns gekommen? Wir haben auf euch gewartet.

nie — никогда

Der Junge war noch nie im Ausland.

niemals — никогда

Die schöne Urlaubsreise werde ich niemals vergessen.

nimmer — никогда

Der Alte wird seine Heimat nimmer wiedersehen.

Наречие (das Adverb)

noch — еще

Warum sind Sie noch hier? Es ist doch schon längst Büroschluß.

nochmals — еще раз

Ich erinnere dich nochmals an dein Versprechen.

nun — теперь

Alle Vorbereitungen sind abgeschlossen. Nun können wir mit der Arbeit beginnen.

oft — часто

Im Winter schneit es in unserer Gegend oft.

öfters — часто, нередко

Wir gehen öfters ins Theater.

oftmals — часто, нередко, не раз

Wir haben oftmals versucht, ihn anzutreffen, aber er war nie zu Hause.

plötzlich — неожиданно, вдруг

Als wir über das Feld gingen, sprang plötzlich ein Hase vor uns auf und lief davon.

schon — уже

Wann kommt Peter? Er ist schon da.

seither — с тех пор, с того времени

Er ist letztes Jahr nach Amerika gereist. Seither haben wir nichts mehr von ihm gehört.

selten — редко

Die alte Frau verläßt nur selten ihr Haus.

soeben — только что

Im Rundfunk wird soeben gemeldet, daß...

Наречие (das Adverb)

sofort — сейчас (же)

Der Patient mußte sofort operiert werden.

sogleich — сейчас, тотчас, немедленно

Der Arzt bekam soeben einen dringenden Anruf von einem Patienten. Er ist sogleich zu ihm geeilt.

sonst — обычно

Ich verstehe nicht, warum er nicht zu Hause ist. Sonst ist er doch um diese Zeit immer da.

spät — поздно

Ich komme heute abend spät nach Hause.

später — позже

Zuerst müssen wir unsere Schulden bezahlen. Später können wir dann neue Anschaffungen machen.

ständig — постоянно

Wir haben ständig Verbindung mit überseeischen Geschäftspartnern.

stets — всегда, постоянно

Er war stets hilfsbereit.

stündlich — ежечасно, каждый час

Der Postbus verkehrt zwischen Reichenhall und Salzburg stündlich.

täglich — ежедневно, каждый день

Die Zeitung erscheint täglich.

übermorgen — послезавтра

Übermorgen sind die Geschäfte den ganzen Tag geschlossen.

unlängst — недавно, на днях

Unsere Fabrik hat unlängst mit der Produktion eines neuen Artikels begonnen.

Наречие (das Adverb)

unterdessen — между тем, тем временем

Unterhalte die Gäste ein wenig! Ich hole unterdessen den Wein aus dem Keller.

vorgestern — позавчера

Vorgestern wurde der Ärztekongreß eröffnet.

währenddessen — между тем, тем временем

Die Mutter nähte. Die Kinder machten währenddessen ihre Schularbeiten.

wöchentlich — еженедельно

Der Facharbeiter verdient wöchentlich 450 Mark.

zeitlebens — всю жизнь

Der Mann hat zeitlebens schwer arbeiten müssen.

zuerst — сначала

Wenn Sie mit dem Chef sprechen wollen, melden Sie sich zuerst im Vorzimmer an.

zuletzt — в конце концов, под конец

Die beiden Parteien stritten sich eine Zeitlang, aber sie einigten sich zuletzt doch noch.

zuweilen — иногда, по временам

Sie leidet zuweilen an starken Kopfschmerzen.

Наречия меры и степени, образа действия, модальные и другие

allerdings — правда; конечно, разумеется

Habt ihr das Haus gekauft? Ja, wir mußten allerdings zuerst einen Kredit aufnehmen.

Наречие (das Adverb)

allzu — слишком, чересчур

Sie sind allzu streng mit ihren Kindern.

also — итак, следовательно

Ihr habt also Schulden? Allerdings.

anders — иначе, по-другому

Sie brauchen einen Paß. Anders können Sie nicht ins Ausland fahren.

auch — также, тоже

Mein Bruder hat das Sportabzeichen bekommen. Ich habe es auch schon.

ausnehmend — очень, исключительно

Diese modernen Möbel gefallen mir ausnehmend gut.

äußerst — крайне, чрезвычайно

Ich muß Sie wegen einer äußerst unangenehmen Sache sprechen.

außerordentlich — необыкновенно, чрезвычайно

Die Leichtathleten zeigten außerordentlich gute Leistungen.

beinahe — почти, едва

Jetzt wärst du mit deinem Wagen beinahe von der Straße abgekommen.

beisammen — вместе

Gestern saßen wir bis in die Nacht hinein beisammen und unterhielten uns.

besonders — особенно

Das letzte Jahr war ein besonders gutes Obstjahr.

blindlings — вслепую, сломя голову

Die Leute laufen blindlings in ihr Verderben.

Наречие (das Adverb)

bloß — только, просто

Wo warst du? Ich war bloß in der Küche.

derart — так, настолько

Die Leute haben derart gut gearbeitet, daß sie früher Feierabend machen können.

durchaus — вполне, совершенно

Waren Sie mit dem Essen zufrieden? Durchaus. Ich war durchaus zufrieden.

ebenfalls — также, тоже

Er muß morgen zu einer wichtigen Besprechung. Ich muß ebenfalls an dieser Besprechung teilnehmen.

ebenso — так же

Ich war ebenso enttäuscht von der Theateraufführung wie Sie.

einigermaßen — в/до некоторой степени

Die politische Lage hat sich seit den letzten Ereignissen wieder einigermaßen beruhigt.

fast — почти

Der Bergsteiger wäre fast abgestürzt. Im letzten Augenblick hat er noch einen Halt gefunden.

ferner — кроме того, к тому же

Das Fabrikgebäude soll instandgesetzt werden, ferner sollen einige neue Maschinen installiert werden.

freilich — правда, однако

Unser Fußballverein hat das letzte Spiel gewonnen, freilich hatten wir ein viel besseres Ergebnis erwartet.

ganz — совсем, совершенно

Die Blätter der Bäume waren ganz von Insekten zerfressen.

Наречие (das Adverb)

gänzlich — вполне, совсем

Der Mann ist mir gänzlich unbekannt.

gar — совсем, совершенно

Seid ihr gestern gar nicht aus dem Haus gewesen?

genug — довольно, достаточно

Er hat genug Erfahrung, um mit den Problemen fertig zu werden.

gerade — прямо, напрямик

Der Weg verläuft gerade auf den Wald zu.
Ihr kommt gerade rechtzeitig zum Mittagessen.

geradeso — как раз, именно

Du bist geradeso ungeschickt wie deine Schwester.

gern — охотно

Mein Bruder hätte von dir gern das Buch geliehen.

gewiß — конечно, несомненно

Geht jetzt zu Bett. Ihr seid gewiß müde.

gleichfalls — до некоторой степени, в какой-то мере

Ich wünsche Ihnen viel Glück! Danke, gleichfalls. Ich wünsche Ihnen gleichfalls viel Glück.

gewissermaßen — также, тоже

Er war gewissermaßen in offiziellem Auftrag im Ausland.

gleichsam — словно, как будто

Die Sportler sind gleichsam als Vertreter ihrer Nation zu den internationalen Wettkämpfen geschickt worden.

hauptsächlich — главным образом

Er war in den lateinamerikanischen Ländern tätig, hauptsächlich aber in Brasilien.

Наречие (das Adverb)

höchst — очень, крайне, весьма

Der Mann erscheint mir höchst verdächtig.

höchstens — самое большее

Bei uns steigt die Temperatur im Sommer höchstens auf 35 Grad.
Ich kann dir keine zehn Mark leihen, höchstens fünf Mark.

jedenfalls — во всяком случае

Wenn du zu Hause bleiben willst, ist das deine Sache. Wir jedenfalls gehen aus.

kaum — едва, почти

Nach seinem Mißerfolg hat er kaum noch Mut, etwas zu unternehmen.

leider — к сожалению

Die Straße zum Bahnhof mußte leider wegen Bauarbeiten vorübergehend gesperrt werden.

natürlich — конечно, естественно

Wenn Sie dringende Fragen haben, können Sie mich natürlich anrufen.

nicht — не

Haben wir uns neulich nicht bei Müllers kennengelernt?

nur — только

Am Sonnabend sind die Geschäfte nur bis um 13 Uhr geöffnet.

recht — весьма, довольно

Wir waren doch recht überrascht, als wir dich hier antrafen.

rücklings — навзничь, спиной

Der Springer ließ sich rücklings ins Wasser fallen.

schwerlich — едва ли, вряд ли

Sie werden schwerlich in zwei Stunden bis Passau kommen, weil die Verkehrsverbindung dorthin sehr schlecht ist.

Наречие (das Adverb)

sehr — очень

Dieses Bild ist sehr schön. Ich danke sehr für Ihre Hilfe.

sicherlich — наверно(е), обязательно

Trink etwas! Du wirst sicherlich Durst haben.

so — так

Fahren Sie bitte nicht so schnell!

sogar — даже

Er hat schon viele Reisen gemacht. Er war sogar schon in Indien.

sonst — иначе, в противном случае

Fahren Sie vorsichtig, sonst gibt es einen Unfall!

sozusagen — так сказать

Hans ist der Erfahrenste der Wandergruppe; er ist sozusagen der Führer der Gruppe.

tatsächlich — фактически, в самом деле

Die Bergsteiger haben tatsächlich den gefährlichen Berg bezwungen.

teilweise — отчасти

Sie haben nur teilweise recht, denn...

überhaupt — вообще

Er hat merkwürdige Ansichten über Afrika. War er überhaupt schon einmal dort?

übrigens — между прочим, впрочем

Der Ingenieur hat eine leitende Stellung in der Fabrik. Er hat übrigens eine wichtige Erfindung gemacht, die...

umsonst — напрасно, зря

Sie haben sich die Mühe umsonst gemacht. Die Angelegenheit ist bereits erledigt. Reiseprospekte gibt es umsonst.

Наречие (das Adverb)

unbedingt — обязательно, непременно, безусловно

Der Film ist wirklich gut. Ihr müßt ihn euch unbedingt ansehen.

ungefähr — приблизительно, около

Bei der Tagung waren ungefähr 300 Personen anwesend.

ungemein — необычно, чрезвычайно

Ihr habt ungemein Glück gehabt, daß euch nichts passiert ist.

vergebens — напрасно

Ich habe vergebens auf den Bus gewartet. Er verkehrt sonntags nämlich nicht.

verhältnismäßig — сравнительно, относительно

Die Prüfungsaufgaben waren verhältnismäßig schwierig für die Schüler.

viel — много

Wenn Sie gesund bleiben wollen, müssen Sie viel spazierengehen.

vielleicht — может быть

Morgen kommen vielleicht meine Eltern zu Besuch.

vollends — совершенно, совсем

Jetzt ist das Essen vollends verdorben, nachdem du so viel Salz hineingetan hast.

völlig — вполне, совершенно

Nachdem er hinter dem Bus hergelaufen war, war er völlig außer Atem.

voraussichtlich — вероятно, предположительно

Das Gesetz wird voraussichtlich nächste Woche vom Parlament verabschiedet.

wahrhaftig — действительно, в самом деле

Die Wissenschaftler haben wahrhaftig eine große Leistung vollbracht.

Предлог (die Präposition)

wahrscheinlich — вероятно, должно быть

Die Entdeckung wird wahrscheinlich geheimgehalten.

wenig — немного, мало

Der Schwerverletzte atmet nur noch wenig.

wenigstens — по меньшей мере

Wenn du mir keine zehn Mark leihen kannst, kannst du mir dann wenigstens mit fünf Mark aushelfen?

wirklich — действительно, в самом деле

Der Fotoamateur macht wirklich gute Bilder.

wohl — пожалуй, вероятно

Haben Sie wohl einen Augenblik Zeit für mich?

zu — слишком

Es ist zu dumm, daß ich meinen Schirm zu Hause gelassen habe!

ziemlich — довольно

Nach der langen Fahrt war ich ziemlich müde.

zusammen — вместе

Wir haben zusammen die gleiche Schule besucht.

Предлог (die Präposition)

Предлоги являются служебной частью речи, которая выражает зависимость существительного, числительного и местоимения от других слов в предложении. Они не могут употребляться самостоятельно и требуют постановки определенного падежа.

ab (Dativ) — *ab hier; ab Hamburg; ab heute; ab fünftem März*
abseits (Genitiv) — *abseits der Straße*

Предлог (die Präposition)

an (Akkusativ)	Er geht an die Tür, ans Fenster.
(Dativ)	an der Wand; am Haus, am Tisch; am Montag, an Sonntagen
anstatt (Genitiv)	anstatt eines Lohnes
auf (Akkusativ)	Er steigt auf den Berg, auf die Leiter.
(Dativ)	auf dem Berg, auf dem Tisch; auf kurze Zeit
aus (Dativ)	aus dem Haus, aus Köln; aus dem Mittelalter
außer (Dativ)	außer Haus(e), außer Gefecht; außer mir
außerhalb (Genitiv)	außerhalb der Stadt; außerhalb der Unterrichtszeit
bei (Dativ)	beim Bahnhof, beim Bäcker, bei der Arbeit, bei Nacht
binnen (Genitiv)	binnen einer Woche
bis (Akkusativ)	bis Bremen, von oben bis unten; bis morgen, von Montag bis Sonnabend, bis ersten Mai
dank (Genitiv oder Dativ)	dank seiner Fähigkeiten, dank seinem Erfolg
entgegen (Dativ)	entgegen meiner Erwartung
entlang (Genitiv)	entlang der Straße
(Akkusativ)	die Straße entlang
für (Akkusativ)	für immer; für mich
gegen (Akkusativ)	gegen den Baum; gegen einen hohen Preis
gegenüber (Dativ)	gegenüber dem Hotel, mir gegenüber
gemäß (Dativ)	gemäß den Bestimmungen, den Bestimmungen gemäß
halber (Genitiv)	Umstände halber, seines Studiums halber
hinter (Akkusativ)	Er wirft einen Blick hinter die Kulissen.
(Dativ)	hinter dem Haus, hinter mir
in (Akkusativ)	Er geht ins Theater. Er fährt in die Schweiz.
(Dativ)	im Zimmer, in der Schule; in der Nacht, in einer Woche
infolge (Genitiv)	infolge des Streiks
inmitten (Genitiv)	inmitten des Sees, inmitten der Menschenmenge
innerhalb (Genitiv)	innerhalb der Stadt; innerhalb eines Monats
jenseits (Genitiv)	jenseits des Tales

Предлог (die Präposition)

kraft (Genitiv)	kraft seines Amtes
längs (Genitiv)	längs des Ufers
(Dativ)	längs dem rechten Ufer
laut (Dativ oder Genitiv)	laut ärztlichem Gutachten, laut Gesetz
mit (Dativ)	mit dem Auto, mit mir; mit den Jahren
mitsamt (Dativ)	mitsamt dem Gepäck
mittels (Genitiv)	mittels eines Nachschlüssels
nach (Dativ)	nach Amerika, nach Hause; nach Ostern; nach mir, der Reihe nach, meiner Ansicht nach
nächst (Dativ)	nächst dem Bahnhof
neben (Akkusativ)	Er stellt sich neben mich.
(Dativ)	neben mir, neben dem Wagen
nebst (Dativ)	eine Wohnung nebst einem großen Balkon
oberhalb (Genitiv)	oberhalb des Tales
ohne (Akkusativ)	ohne mich, ohne großen Erfolg
samt (Dativ)	samt seinem Gepäck
seit (Dativ)	seit einem Monat
seitens (Genitiv)	seitens Ihrer Firma
statt (Genitiv)	statt eines Entgelts
trotz (Genitiv)	trotz des schlechten Wetters; trotz des Verbots
(Dativ)	trotz dem heftigen Gewitter
über (Akkusativ)	Ein schwerer Sturm fegt über das Land.
	über einen Monat, das ganze Jahr über
(Dativ)	über dem Tisch, über der Stadt
um (Akkusativ)	um die Stadt, um die Ecke; um Weihnachten, um 5 Uhr
um...willen (Genitiv)	um der Sache willen, um des lieben Friedens willen
ungeachtet (Genitiv)	ungeachtet meiner Einwände
unter (Akkusativ)	Er stellt die Tasche unter den Tisch.
(Dativ)	unter dem Tisch; unter den Ausländern; unter Protesten

Предлог (die Präposition)

unterhalb (Genitiv)	unterhalb des Hauses
unweit (Genitiv)	unweit unseres Dorfes
vermittels (Genitiv)	vermittels eines Hebels
vermöge (Genitiv)	vermöge seiner Sprachkenntnisse
von (Dativ)	von der Post, von mir, der Brief vom 5. März
vor (Akkusativ)	Er stellt den Tisch vor das Fenster.
(Dativ)	vor dem Haus, vor der Stadt; vor einem Monat, 10 vor 4 Uhr
während (Genitiv)	während der Ferien, während der Sitzung
wegen (Genitiv)	wegen großer Schwierigkeiten, meinetwegen
wider (Akkusativ)	wider besseres Wissen
zeit (Genitiv)	zeit seines Lebens
zu (Dativ)	zu Hause, zu Berlin; zu mir; zu Ostern; zu Fuß; zu welchem Preis
zufolge (Genitiv)	zufolge des Abkommens
(Dativ)	einer Meldung zufolge
zwischen (Akkusativ)	Er wirft sich zwischen die Streitenden.
(Dativ)	zwischen mir und dir, zwischen Freunden; zwischen dem 1. und dem 5. März

Союз (die Konjunktion)

Союзы являются служебной частью речи, которая связывает однородные члены предложения в составе простого предложения и простые предложения в составе связного текста. Они не могут употребляться самостоятельно и выражают различные отношения между частями предложения и целыми предложениями: отношения соединения, сопоставления, противопоставления, причины, следствия и т. д.

aber	Das Wetter ist kalt, aber schön. Hans ist faul, aber Peter ist fleißig.
allein	Wir hofften auf Erfolg, allein wir wurden enttäuscht.

Союз (die Konjunktion)

allerdings	Er hat viele Fehler gemacht. Allerdings hat er sich auch keine Mühe gegeben.
als	Er ist größer als ich. Er spricht so gut Deutsch, als wäre er ein Deutscher. Als wir nach Hause kamen, war der Vater schon von der Arbeit zurück.
als ob (als wenn)	Du benimmst dich, als ob (als wenn) du Angst hättest.
also	Du bist nicht beim Arzt gewesen? Du hast also meinen Rat nicht befolgt. (Also hast du meinen Rat nicht befolgt.)
anstatt	Du sitzt hier zu Hause, anstatt zur Arbeit zu gehen.
anstatt daß	Anstatt daß du zur Arbeit gehst, sitzt du hier zu Hause.
ausgenommen	Unsere ganze Familie war in den Ferien, ausgenommen mein ältester Bruder.
außerdem	Ich möchte jetzt nicht ins Kino gehen. Außerdem habe ich auch keine Zeit.
bald...bald	Hans ist oft unterwegs. Er ist bald in München, bald in Hamburg.
zum Beispiel	Es gibt verschiedenartige Pronomen, z. B. Personalpronomen, Fragepronomen u. a. (und andere)
bevor	Bevor wir ins Ausland reisen, müssen wir noch unsere Pässe verlängern lassen. Bevor er eine solche schwere Arbeit annimmt, bleibt er lieber arbeitslos.
beziehungsweise	Sprechen Sie mit dem Direktor bzw. mit seinem Vertreter.
bis	Bis der Zug kommt, können wir uns noch in den Speisesaal setzen.
bis daß	Die Brautleute haben versprochen, einander treu zu bleiben, bis daß der Tod sie scheide.
bloß	Er möchte sich schon ein Auto kaufen, er hat bloß kein Geld. (..., bloß hat er kein Geld.)
da	Da ein Universiätsstudium viel Geld kostet, muß ich meinen Sohn noch finanziell unterstützen.

Союз (die Konjunktion)

da(r) + Präp. — Man soll sich für Politik interessieren. Darin bin ich ganz deiner Meinung. Dort ist der Bahnhof, daneben ist gleich das Hotel.

dadurch — Der Kaufmann hat im letzten Jahr gute Geschäfte abgeschlossen. Dadurch war es ihm möglich, seine Firma zu vergrößern.

dadurch daß — Dadurch daß der Unfall sofort gemeldet worden war, konnten viele Schwerverletzte noch gerettet werden.

dagegen — Ich habe mir ein Haus gekauft. Mein Bruder dagegen hat sein Geld in Aktien angelegt.

daher — Die Theaterkasse war schon geschlossen. Daher konnten wir für diese Vorstellung keine Karten mehr bekommen.

damit — Ich habe dir das Geld gegeben, damit du mir die Fahrkarte besorgen kannst. Peter hat gestern sein Examen gemacht. Damit ist endlich sein langjähriges Studium abgeschlossen.

damit, daß — Damit, daß Sie unseren Plan unterstützt haben, haben Sie uns sehr geholfen.

dann — Wenn du strebsam bist, dann wird auch der Erfolg nicht ausbleiben.

Wir machen jetzt die Arbeit fertig. Dann können wir spazierengehen.

darum — Ich mußte länger im Büro arbeiten. Darum war es mir auch nicht möglich, zur verabredeten Zeit bei euch zu sein.

das heißt — Wir, d. h. mein Bruder und ich, werden nach Bremen fahren.

daß — Es ist nicht wahr, daß die Firma Bankrott gemacht hat. Ich hoffe, daß du uns bald wieder besuchst. Hat er davon gesprochen, daß er bald heiraten will? Er hat die Hoffnung aufgegeben, daß er bald befördert wird.

es sei denn, daß — Wir können unsere Absicht, ein Haus zu bauen, nicht verwirklichen, es sei denn, daß wir noch jemanden finden, der uns einen Kredit gewährt.

Союз (die Konjunktion)

denn — Macht möglichst noch in diesem Jahr eure Fahrprüfung, denn ab nächstem Jahr sollen die Prüfungsbestimmungen verschärft werden.

deshalb — Heute erwarte ich Besuch. Deshalb ist es mir auch nicht möglich, mit euch wegzufahren.

dessenungeachtet — Der Bergsteiger ist vor der Gefahr, die Besteigung dieses Berges mit sich bringt, gewarnt worden; er ist aber dessenungeachtet heute früh in die Wand eingestiegen.

deswegen — Seit einigen Tagen ist es erheblich wärmer geworden. Wir haben deswegen die Öfen ausgehen lassen.

doch — Wir haben sehr viel zu tun, doch macht uns die Arbeit Spaß.

ebenso — Der Schauspieler ist auf vielen bekannten Bühnen aufgetreten, ebenso hat er in einer ganzen Reihe von Filmen mitgewirkt.

ebensosehr — Er sieht gern Schauspiele, ebensosehr Filme.

ebensowenig — Wir mögen Kriminalfilme nicht, ebensowenig Wildwestfilme.

ehe — Ehe du die Kinder zu Bett bringst, müssen sie sich waschen. Ehe wir ihn um Geld bitten, verzichten wir lieber auf das Vergnügen.

einerseits... andererseits — Er weiß nicht, was er will. Einerseits will er zu Hause bleiben, andererseits möchte er aber auch mit uns kommen.

entweder...oder — Er ist entweder im Büro oder im Lagerraum. Entweder arbeiten Sie, wie es sich gehört, oder Sie können sich eine andere Stellung suchen.

etwa — Heutzutage sollte man mindestens eine Fremdsprache können, etwa Englisch, Französisch oder Spanisch.

falls — Sagen Sie mir Bescheid, falls sich jemand nach mir erkundigen sollte.
Falls ihr in der Nähe zu tun habt, könnt ihr bei mir vorbeikommen.

Союз (die Konjunktion)

folglich — Du hast dich nicht um meinen Rat gekümmert. Folglich darfst du dich auch nicht über den Mißerfolg beschweren.

geschweige (denn) — Der Kranke kann noch nicht aufstehen, geschweige denn das Haus verlassen.

gesetzt den Fall — Gesetzt den Fall, wir interessierten uns für diesen Wagen, für wieviel würden Sie ihn verkaufen?

hingegen — Hans ist ein sehr musischer Mensch, sein Bruder hingegen ist mehr praktisch veranlagt.

indem — Du kannst ihn für deine Pläne gewinnen, indem du ihn von ihrer Nützlichkeit überzeugst. Sie können die Maschine zum Stehen bringen, indem Sie diesen Hebel bedienen.

indes — Ich habe ihm einen guten Rat gegeben, indes er befolgte ihn nicht. (..., indes befolgte er ihn nicht.)

indessen — Ich ging in die Post, um ein Telegramm aufzugeben, indessen wartete mein Freund auf der Straße auf mich.

infolgedessen — Im letzten Jahr sind die Exportaufträge zurückgegangen. Die Firma mußte infolgedessen eine ganze Reihe von Angestellten entlassen.

insofern — Die Verpflegung in diesem Hotel war gut, insofern waren wir ganz zufrieden, aber die Bedienung ließ viel zu wünschen übrig. Wir waren in diesem Hotel insofern zufrieden, als die Verpflegung sehr gut war.

insoweit — Insoweit waren wir mit unserer Geschäftsreise zufrieden, als wir doch einige Abschlüsse tätigen konnten. Im übrigen hatten wir uns aber von der Reise mehr erwartet.

inzwischen — Ich gehe in die Küche und bereite das Essen vor. Du kannst inzwischen den Tisch decken.

ja (sogar) — Peter hat gute sportliche Leistungen gezeigt; ja er wurde im Weitsprung sogar Zweiter.

je...desto (um so) — Je länger du im Lande bleibst, desto besser lernst du es kennen. Je reicher jemand ist, um so mehr Freunde wird er haben.

Союз (die Konjunktion)

je nachdem	Je nachdem es uns gefällt oder nicht, werden wir unsere Reise ausdehnen.
je nachdem wie	Er wird bei uns zu Besuch bleiben, je nachdem wie er Zeit hat.
jedoch	Er ist musikalisch, jedoch singen kann er nicht. (..., jedoch kann er nicht singen.)
kaum	Kaum waren wir zu Hause, begann ein heftiges Unwetter. Wir waren kaum zu Hause, als ein heftiges Unwetter einsetzte.
kaum daß	Kaum daß er zu Hause war, wollte er auch schon etwas zu essen haben.
mal ... mal	Er ist unberechenbar. Mal ist er freundlich, mal hat er schlechte Laune.
mithin	Die Streitenden wollten sich nicht versöhnen. Mithin waren unsere ganzen Vermittlungsbemühungen vergebens.
nachdem	Nachdem wir die Museen besucht hatten, suchten wir ein Restaurant auf, um dort zu essen.
namentlich (aber)	Die Reisenden waren sehr müde, namentlich aber die Kinder.
nämlich	Die Kinder lernen in der Schule viele Dinge, nämlich Lesen, Schreiben, Rechnen usw. Er fährt morgen nach Köln, er hat dort nämlich eine bessere Arbeit gefunden.
nichtsdestoweniger	Die Firma erhöhte die Gehälter um 6 Prozent, nichtsdestoweniger wurden von den Angestellten weitere Gehaltsforderungen gestellt.
noch	Er ist nicht in Paris gewesen, noch in London. Er geht nicht zur Arbeit, noch hilft er seiner Frau im Haus.
nun	Jetzt ist deine Schulzeit beendet. Nun mußt du einen Beruf lernen.
nur	Er ist nicht krank, nur müde. Er hat mir immer geholfen, nur Geld gab er mir nie.
ob	Es ist noch ungewiß, ob Arbeiter entlassen werden müssen. Weißt du, ob Hans heute kommt?

Союз (die Konjunktion)

ob ... oder	Ich trinke alles, ob Wein oder Bier. Es spielt keine Rolle, ob Sie mit dem Direktor sprechen oder mit seinem Vertreter.
obgleich	Obgleich ich dich mehrmals gefragt habe, gibst du mir keine Antwort.
obchon	Obschon wir uns alle Mühe geben, gelingt es uns nicht.
obwohl	Obwohl er aus gutem Hause stammt, hat er schlechte Manieren.
oder	Gehst du oder Inge zur Post? Ich fahre heute oder morgen. Ich schreibe Ihnen einen Brief oder rufe Sie an.
ohne	Der Autofahrer fuhr weiter, ohne sich um den Verletzten zu kümmern.
seit (-dem)	Seit wir hier sind, haben wir viele Freunde gefunden.
so	Ich passe jetzt auf die Kinder auf. So kannst du einkaufen gehen.
sobald	Sobald ich von der Reise zurück bin, können wir uns treffen.
sofern	Er kann seine Schulden bezahlen, sofern ihm sein Vater Geld schickt.
solange	Die Passagiere müssen das Flugzeug verlassen, solange es aufgetankt wird. Du kannst von uns keine Hilfe erwarten, solange du so unfreudlich bist.
somit	Hans ist gerade gekommen. Wir sind somit alle beisammen.
sondern	Er kommt nicht heute, sondern morgen. Sie sollten nicht im Haus, soldern im Garten arbeiten. Wir gehen nicht fort, sondern bleiben hier.
sonst	Verlassen Sie meine Wohnung, sonst rufe ich die Polizei!
sooft	Sooft ich hier vorbeikomme, schaut die Frau zum Fenster hinaus.
soviel	Soviel ich weiß, kommt Peter heute zu dir.
soweit	Wir helfen euch, soweit wir dazu in der Lage sind.

Союз (die Konjunktion)

sowie (auch)	Der Redner begrüßte den Bürgermeister, sowie auch die Stadträte.
sowohl ... als auch	Wir haben euch gestern gesehen, sowohl dich als auch deinen Freund.
statt	Statt hier herumzustehen, solltet ihr lieber arbeiten.
statt dessen	Ihr solltet euch versöhnen, statt dessen schlagt ihr euch auch noch.
teils ... teils	Die Stimmung war zwiespältig. Teils unterhielten sich die Gäste angeregt, teils saßen sie aber gelangweilt in ihren Sesseln.
trotzdem	Der Zug fuhr schon mit Verspätung ab, trotzdem kamen wir aber pünktlich zu Hause an.
überdies	Wir hatten am Sonntag keine Lust, zum Fußballspiel zu gehen. Überdies war auch das Wetter schlecht.
um	Er ist zum Arzt gegangen, um sich dort untersuchen zu lassen. Wir sind zu müde, um noch zu arbeiten.
um so mehr, als	Du mußt in der Schule fleißiger sein, um so mehr, als du ja später studieren willst.
um so weniger, als	Heute darfst du nicht zum Schwimmen gehen, um so weniger, als du ja erkältet bist.
und	Haus und Hof, schön und gut; – Wir gehen zum Bahnhof und holen dort unsere Freunde ab. Hans ist fleißig, und Peter ist faul. Heute fahren wir nach Hannover, und morgen besuchen wir die Industriemesse. Er bringt es fertig und schlägt das arme Tier.
und zwar	Wir haben einige Bücher gekauft, und zwar Romane, Bildbände und Fachbücher.
unterdessen	Mach bitte Kaffee, ich decke unterdessen den Tisch.
während	Während wir im Garten saßen, konnten wir das Konzert im Stadtpark hören. Ich muß arbeiten, während du immer spazierengehen kannst.
währenddessen (währenddem)	Unterhaltet euch ein bißchen, währenddessen bringe ich die Kinder zu Bett.

Союз (die Konjunktion)

weder ... noch	Weder ich noch mein Bruder haben studiert. Er geht weder zur Arbeit noch hilft er im Hause.
weil	Wir müssen einen Kredit aufnehmen, weil unser Geld zur Renovierung unseres Hauses nicht ausreicht.
wenigstens	Unser ganzer Urlaub war verregnet. Wenigstens war das Wetter am letzten Wochenende einigermaßen erträglich.
wenn	Wenn du heute abend nach Hause kommst, schließe bitte die Haustür zu! Wenn Sie bar zahlen, bekommen Sie 2% Skonto. Wenn wir doch nicht hierher gefahren wären!
wenn ... auch	Du wirst sicher zu spät kommen, wenn du auch noch so schnell läufst.
wenngleich	Er hat die Stelle bei der Firma nicht bekommen, wenngleich er sich sofort darum beworben hat und die besten Zeugnisse besitzt.
wie	Er ist so alt wie ich. Der Film war nicht so gut, wie wir ihn uns vorgestellt hatten.
wie ... auch (immer)	Wie schwierig die Arbeit auch immer sein mag, wir werden sie schaffen.
wie wenn	Er rennt, wie wenn der Teufel hinter ihm her wäre.
wo	Du hast mir das Geld nicht geschickt, wo ich dich doch so darum gebeten habe.
wohingegen	Der alte Mann arbeitet wie ein Pferd, wohingegen sein Sohn den ganzen Tag faulenzt.
zumal	Wir müssen heute etwas im Garten tun, zumal das Wetter so gut ist.
zumindest	Niemand hat mir geholfen. Du hättest mich zumindest unterstützen können.
zwar	Das Fest findet doch statt, und zwar am nächsten Sonntag. Es fährt zwar ein Bus in die Stadt, aber ich fahre lieber mit dem Fahrrad.

Предложение (der Satz)

Члены предложения

Сказуемое

Сказуемое выражает действие или состояние

Der Mann arbeitet. Es regnet. Der Hund schläft.

Часто оно может состоять из двух частей

1. глагол + отделяемая приставка (разделимый элемент глагола)

   Der Zug fährt jetzt ab.

2. глаголы haben/sein/werden + причастие II

   Er hat den Brief geschrieben. Er ist gerade gefahren. Die Sache wird heute geprüft.

3. модальный глагол + инфинитив

   Er will den Berg besteigen.

4. глаголы lassen / sehen / hören и др. + инфинитив

   Er läßt sich die Haare schneiden. Ich höre ihn kommen.

Различают:

а) свободное дополнение группы сказуемого

   Er geht nach Hause (ins Kino, schnell, zu Fuß, allein).

б) связное дополнение группы сказуемого (устойчивое словосочетание)

   Er stellt ihn zur Rede. Er setzt den Motor in Gang. Er legte große Geschicklichkeit an den Tag.

С точки зрения падежного оформления различают:

а) предикативный номинатив

   Dieses Haus ist ein Hotel. Er ist ein guter Arzt.

б) предикативный аккузатив

   Er nennt mich seinen Freund.

Предложение (der Satz)

Подлежащее

Подлежащее – главный член предложения, связанный со сказуемым. Оно называет тему сообщения и стоит всегда в именительном падеже.

Различают логическое подлежащее, связанное с полнозначным глаголом:

Der Mann schreibt einen Brief. Das Abendessen ist fertig. Soeben wurde die Ankunft des Zuges gemeldet.
Etwas Schlimmes ist passiert. Den Kindern drohte ein Unheil.

и формальное подлежащее (после безличных глаголов и некоторых других):

Es regnet. Es dämmert. Es klopft. Ihm geht es gut. Es geht um deine Gesundheit. Wieviel Uhr ist es? Ihm gefällt es hier.

Дополнение

Дополнение – второстепенный член предложения, который отвечает на вопросы косвенных падежей и обозначает предмет, на который переходит действие или с которым связано действие или признак.

Er liebt seine Eltern. Er hilft seinem Freund. Sie schenkt ihrem Bruder ein Buch.

По способу синтаксической связи различают:

– дополнение в винительном падеже (прямое)

Ich habe einen Brief bekommen.

– дополнение в дательном падеже (косвенное)

Der Wagen gehört meinem Freund.

– дополнение в родительном падеже

Man beschuldigte ihn des Diebstahls.

– предложное дополнение

Wir warten auf Wetterbesserung.

Предложение (der Satz)

Некоторые глаголы, обозначающие восприятие или ощущение, могут иметь свое дополнение

Ich höre meinen Freund kommen. Die alte Frau fühlte den Tod nahen. Er läßt den Brief von der Sekretärin schreiben. Ich sehe euch fröhlich. Wir trinken den Kaffee bitter.

Обстоятельство

Обстоятельство – это второстепенный член предложения, обозначающий признак действия или другого признака.

По своему значению различают:
– обстоятельства места

Er hat in Berlin Medizin studiert.

– обстоятельства времени

Im Sommer fahren wir nach Italien.

– обстоятельства образа действия

Er sprang mit einem Satz ins Wasser.

– обстоятельства причины

Bei allen Bemühungen blieb der Wagen im Schlamm stecken.

– обстоятельства модальные

Der Junge wurde von einem Hund gebissen. Das Land wurde vom Sturm verwüstet.

Определение

Определение – это второстепенный член предложения, который обозначает признак предмета.

По способу соединения различают:
– согласованные определения

eine schöne Gegend, mit herzlichen Grüßen

– несогласованные определения

das Haus des Vaters; die Jugend von heute

Предложение (der Satz)

По месту в предложении различают

препозитивные определения

> *schöne Blumen; drei Kinder; viel Geld; Peters Fahrrad; sehr spät; überaus schnell*

постпозитивные определения

> *die Kirche auf dem Berg; der Sohn des Nachbarn; ein Freund von mir; ihr dort hinten*

Особую группу определений составляют приложения. Это определения, стоящие в том же падеже, что и определяемое слово

> *Herr Müller; der Freistaat Bayern; zwei Pfund Birnen*
> *Die Mädchen, Inge und Gisela; am Sonntag, dem 11. Mai; ein Auto wie dieses*
> *Wir sind alle zu Hause. Wir haben jeder ein Buch. Als Schüler mußten wir viel arbeiten.*

Структура предложения (die Satzstrukturen)

Со сказуемым вместе могут образовывать единую структуру следующие члены предложения:

логическое подлежащее + сказуемое

> *Die Kinder lachen. – Wasser verdunstet. Ein Unglück ist geschehen.*

формальное подлежащее + сказуемое

> *Es regnet. – Es klopft.*

подлежащее + сказуемое + прямое дополнение

> *Der Junge liest einen Roman. – Der Traktor zieht den Wagen.*

подлежащее + сказуемое + дополнение в дательном падеже

> *Hans hilft mir. – Die Erfahrung nützt ihm. Es dämmert mir.*

подлежащее + сказуемое + предложное дополнение

> *Ihr zittern die Knie. – Mir schmerzen die Glieder. Es geht um dein Glück.*

Предложение (der Satz)

подлежащее + сказуемое + прямое дополнение + дополнение в дательном падеже

> Der Schaffner erklärte mir den Fahrplan. Der Mann widmete sich seinem Hobby.

подлежащее + сказуемое + прямое дополнение + предложное дополнение

> Wir haben Sie vor dem Betrüger gewarnt. Worum handelt es sich? Es handelt sich um ein größeres Geschäft.

подлежащее + сказуемое + прямое дополнение + дополнение в родительном падеже

> Die Diebe haben mich meiner ganzen Barschaft beraubt.

подлежащее + сказуемое + дополнение в дательном падеже + предложное дополнение

> Wir danken Ihnen für Ihr freundliches Schreiben.

подлежащее + сказуемое + предложное дополнение + предикативное дополнение

> Wir haben mit ihm über Geschäfte gesprochen.

подлежащее + сказуемое + предикативное дополнение

> Das Gesetz ist bereits in Kraft getreten. Die Gäste sind nach Hause gefahren.

подлежащее + сказуемое + прямое дополнение + предикативное дополнение

> Das Mädchen bringt das Zimmer in Ordnung. Der Hund hat mich ins Bein gebissen. Er nannte dich einen Dummkopf.

подлежащее + сказуемое + дополнение в дательном падеже + предикативное дополнение

> Der Arbeiter geht mir zur Hand. Euer Wohl liegt mir am Herzen. Das Kleid steht dir gut. Ihm geht es gut. Mir regnete es ins Gesicht.

подлежащее + дополнение + предикативное дополнение

> Wir sind mit euch ins reine gekommen. Der Mann ist auf unsere Hilfe angewiesen.

Предложение (der Satz)

подлежащее + сказуемое + дополнение в родительном падеже + предикатив

> Die Frau ist seiner überdrüssig.

подлежащее + сказуемое + дополнение в дательном падеже + прямое дополнение + предикативное дополнение

> Er hat mir meinen Mißerfolg zum Vorwurf gemacht. Ich habe Ihnen den Bericht auf den Schreibtisch gelegt.

подлежащее + сказуемое + прямое дополнение + предложное дополнение + предикативное дополнение

> Die Mutter hat ihren Jungen gegen die Vorwürfe in Schutz genommen. Ein Geschäftsfreund hat mich auf Ihre Firma aufmerksam gemacht.

подлежащее + сказуемое + прямое дополнение + дополнение в родительном падеже + предикативное дополнение

> Der Richter sprach den Angeklagten des Diebstahls schuldig.

подлежащее + сказуемое + дополнение в дательном падеже + предложное дополнение + предикативное дополнение

> Wir sind dem Gegner an Stärke überlegen.

подлежащее + сказуемое + дополнение в дательном падеже + дополнение в родительном падеже + предикативное дополнение

> Ich bin mir keiner Schuld bewußt.

Глаголы, требующие дополнения в дательном падеже

ab / sagen	Peter kommt heute nicht zu mir. Er hat mir vorhin abgesagt.
ähneln	Gisela ähnelt ihrer Mutter.
antworten	Der Schüler antwortet dem Lehrer.
aus / weichen	Das Auto wich dem Fußgänger rechtzeitig aus.
begegnen	Gestern bin ich deinem Vater begegnet.
behagen	Dieser arrogante Mensch behagt mir nicht.
bei / pflichten	Wir müssen eurer Meinung voll und ganz beipflichten.
bei/stehen	Mein Freund steht mir in allen Schwierigkeiten bei.

Глаголы, требующие дополнения в дательном падеже

bei / stimmen	Wir können euren Ansichten nur beistimmen.
belieben	Tun Sie, was Ihnen beliebt.
bleiben	Von meinem ganzen Geld blieben mir nur zehn Mark.
danken	Die Kinder danken ihren Eltern.
dienen	Die Soldaten müssen ihrem Vaterland dienen.
drohen	Der Vater drohte seinem Sohn.
entfliehen	Die Verbrecher konnten ihren Verfolgern nicht entfliehen.
entgehen	Wir sind mit knapper Not einem Unglück entgangen.
entrinnen	Er ist in letzter Minute der Gefahr entronnen.
entsagen	Der Eremit hat der Welt entsagt.
entsprechen	Wir werden gern Ihrem Wunsch entsprechen.
fehlen	Mir fehlen (an zehn Mark) noch 50 Pfennige.
fluchen	Der Verzweifelte fluchte seinem Schicksal.
folgen	Wir folgten dem Mann ins Haus.
gefallen	Wie hat dir der Film gefallen?
gehorchen	Die Kinder sollen ihren Eltern gehorchen.
gehören	Wem gehört dieses Buch hier?
gelingen	Dem Wissenschaftler ist der Versuch endlich gelungen.
genügen	Das Geld, das du mir angeboten hast, genügt mir nicht.
geraten	Meiner Mutter ist der Kuchen gut geraten.
gleichen	Der Bruder gleicht seiner Schwester sehr.
glücken	Mir ist der Kopfsprung ins Wasser geglückt.
gratulieren	Ich gratuliere dir zum Geburtstag.
grollen	Inge grollt ihrer Freundin.
helfen	Der Arzt hilft dem Kranken.
lauschen	Die Kinder lauschen dem Gesang der Vögel.
mißfallen	Das schlechte Betragen der Schüler mißfällt dem Lehrer.
mißlingen	Dem Physiklehrer ist der Versuch mißlungen.
mißraten	Dem Koch ist heute das Essen mißraten.
mißtrauen	Einem unehrlichen Menschen muß man mißtrauen.

Глаголы, требующие дополнения в дательном падеже

nach / eifern	*Der Junge eifert seinem Vater nach.*
nach / geben	*Man muß nicht immer dem Wunsch eines Freundes nachgeben.*
nach / laufen	*Die Kinder laufen der Militärkapelle nach.*
nutzen, nützen	*Die Medizin nützt dem Kranken.*
passen	*Das Kleid paßt dir.*
schaden	*Zigaretten schaden der Gesundheit.*
schmecken	*Schokolade schmeckt den Kindern immer.*
stehen	*Der Hut steht dir nicht.*
trauen	*Ich traue diesem Menschen nicht.*
unterliegen	*Die tapferen Soldaten unterlagen der Übermacht.*
vergeben	*Gott vergibt den Sündern.*
vertrauen	*Vertrauen Sie ihm nicht!*
weichen	*Wir weichen nur der Gewalt.*
widersprechen	*Du darfst deinem Vater nicht widersprechen.*
widerstehen	*Wir können den Verlockungen nicht widerstehen.*
widerstreben	*Diese schmutzige Arbeit widerstrebt mir.*
winken	*Der Gast winkte dem Kellner.*
zu / hören	*Die Leute hören dem Redner zu.*
zürnen	*Der Vater zürnt seinem undankbaren Sohn.*
zu / sagen	*Diese schmutzige Arbeit sagt mir nicht zu.*
zu / schauen	*Wir haben dem Fußballspiel zugeschaut.*
zu / stehen	*Dem Hausmädchen stehen neben Lohn auch Unterkunft und Verpflegung zu.*
zu / stimmen	*Die Zuhörer stimmten den Argumenten des Redners zu.*

Глаголы, требующие дополнения с предлогом

ab / hängen	*Unser Abreisetermin hängt vom Wetter ab.*
ab / sehen	*Der Richter will von einer Bestrafung des jungen Mannes absehen.*
ab / zielen	*Die Maßnahme der Direktion zielt auf eine Produktionssteigerung ab.*

Глаголы, требующие дополнения с предлогом

achten	Das Mädchen achtet auf seine kleine Schwester. Achten Sie auf die Verkehrszeichen!
an/fangen	Morgen fangen wir mit der Arbeit an. Warum fängst du wieder mit dem Streit an?
an/knüpfen	Der Abgeordnete knüpfte an die Ausführungen seines Vorredners an.
an/setzen	Der Löwe setzte zum Sprung an.
an/spielen	Er spielte auf die Mißerfolge seines Gegners an.
an/stoßen	Wir wollen auf deine Gesundheit anstoßen.
an/treten	Die Sportler treten jetzt zu einem Wettkampf an.
appellieren	Er appellierte an ihre Güte. Ich appelliere an deine Vernunft.
arbeiten	Der Student arbeitet an seiner Doktorarbeit.
auf/hören	Höre mit deinen Prahlereien auf!
bangen	Er bangt um seine Stellung.
basieren	Seine Verdächtigungen basieren nur auf Vermutungen.
beginnen	Morgen beginnen wir mit der Arbeit.
beharren	Der Beleidigte beharrte auf einer öffentlichen Entschuldigung.
beruhen	Deine Ansichten beruhen auf einem Irrtum.
bestehen	Bronze besteht aus Kupfer und Zinn. Wir bestehen auf deiner Mitarbeit.
debattieren	Im Parlament debattierte man über die Sozialreform.
denken	Die Mutter denkt immer an ihren Sohn. Er denkt nur an seine Arbeit.
dienen	Die Straßenbahn dient zur Beförderung von Personen.
drängen	Die Regierung drängte auf baldige Verwirklichung ihres Programms.
ein/gehen	Ich kann jetzt leider nicht auf Ihre Fragen eingehen. Der Mann verhält sich reserviert; er geht nicht auf mich ein.
ein/schreiten	Die Polizei schritt gegen die Demonstranten ein.
ein/treten	Warum trittst du nicht für deinen Freund ein? Wir treten für eine Verkürzung der Arbeitszeit ein.

Глаголы, требующие дополнения с предлогом

ein/willigen	Er wollte nicht in den Verkauf des Hauses einwilligen.
erkennen	Das Gericht erkannte auf drei Jahre Gefängnis.
erschrecken	Das Kind erschrak vor dem großen Hund.
experimentieren	Die Wissenschaftler experimentieren mit neuen Medikamenten.
fahnden	Die Polizei fahndet nach dem vermutlichen Täter.
feilschen	Bei uns können Sie nicht um die Preise feilschen.
fischen	Er fischte nach den Fleischstückchen in der Suppe.
flehen	Der Arme fleht um Erbarmen.
fliehen	Die Bevölkerung floh vor den feindlichen Soldaten.
folgen	Auf Regen folgt Sonnenschein. Aus der Rede des Ministers folgt, daß die Steuern bald wieder erhöht werden.
forschen	Der Sohn forschte nach seinem verschollenen Vater.
fragen	Dort ist der Mann, der nach dir gefragt hat.
fürchten	Der Geizhals fürchtet um sein Geld. Er fürchtet um seine Gesundheit. Sie fürchtet für ihr Leben.
gebieten	Der Herrscher gebot über viele Völker.
gehen	Die neue Polizeiverordnung geht gegen die rücksichtslosen Autofahrer.
gehören	Die Kinder gehören zu den Eltern. Du gehörst zu mir.
gelten	Das Verbot gilt für dich wie auch für die anderen.
gerade/stehen	Wir können für deine Taten nicht geradestehen.
glauben	Glaubt ihr an die Zukunft eures Landes? Er glaubt nicht an Gott.
graben	Die Archäologen graben nach den Resten einer versunkenen Stadt.
greifen	Das Kind griff nach den Händen seiner Mutter.
grübeln	Er hat lange über ein schwieriges Problem gegrübelt.
handeln	Der Vortrag handelte von der Entwicklung der modernen Kunst.
hängen	Die Kinder hängen an ihrer Mutter. Ich hänge an den von meinen Eltern ererbten Sachen.
her/fallen	Die Räuber fielen über die Reisenden her. Die Kinder fielen über den Kuchen her.

Глаголы, требующие дополнения с предлогом

herrschen	Alexander der Große herrschte über viele Länder und Völker.
her/ziehen	Der Politiker zog über seine Gegner her.
hinaus/laufen	Die Debatte lief auf eine Einigung aller Beteiligten hinaus.
hoffen	Wir alle hoffen auf deine baldige Genesung.
hören	Nicht immer hören die Kinder auf den Rat ihrer Eltern. Ich habe schon von Ihnen gehört.
hungern	Er hungert nach Vergnügungen.
intrigieren	Peter muß immer gegen mich intrigieren.
jammern	Das Kind jammert über seinen Ball, den es verloren hat. Jammern Sie nicht über das bißchen Zahnschmerzen.
jubeln	Die Zuschauer jubelten über den Sieg ihrer Fußballmannschaft.
kämpfen	Die Soldaten kämpfen für ihr Vaterland. Er kämpft um eine bessere Zukunft. Sie kämpfen gegen die soziale Ungerechtigkeit.
klagen	Sie klagte über starke Kopfschmerzen.
kommen	Er ist um sein ganzes Vermögen gekommen. Wie heißt er? Ich komme nicht auf seinen Namen. Er kommt zu keiner vernünftigen Arbeit, weil er immer gestört wird.
korrespondieren	Er korrespondiert mit ausländischen Freunden. Seine Ansichten korrespondieren mit den meinen.
lachen	Sie lachten über meinen Witz. Lachen Sie nicht über mich!
lassen	Laßt von diesem Mann!
leiden	Er litt an starken Kopfschmerzen. Die Frau litt unter ihrem brutalen Mann. Das Volk litt unter der Diktatur.
lesen	Hast du von dem letzten Raketenversuch gelesen? Der Professor liest im kommenden Semester über Existenzialphilosophie.
los/kommen	Ich komme nicht von dem Film los, den ich gestern gesehen habe. Diese Frau redet immer so viel; man kommt nicht von ihr los.

Глаголы, требующие дополнения с предлогом

meditieren	*Er meditiert den ganzen Tag über seinen neuen Roman.*
mit/wirken	*Sie wirkt bei dem Theaterstück mit. Er wirkt an dem Projekt mit.*
nach/denken	*Denke einmal über deine Fehler nach!*
neigen	*Ich neige nicht zu deiner Ansicht. Er neigt dazu zu übertreiben.*
passen	*Die Frau paßt zu ihm. Das Kleid paßt nicht zu dir.*
philosophieren	*Er philosophiert über den Sinn des Lebens.*
polemisieren	*Ihr polemisiert gegen unsere Ansichten.*
protestieren	*Die Arbeiter protestieren gegen den neuen Chef. Wir protestieren gegen die schlechte Behandlung der Arbeiter.*
reagieren	*Er reagierte nicht auf meine Frage.*
rechnen	*Wir rechnen auf euch. Er rechnet mit einer guten Bezahlung.*
referieren	*Der Vortragende referierte über die moderne Literatur.*
reflektieren	*Reflektieren Sie noch auf die Konzertkarte, oder soll ich sie jemand anderem geben?*
resultieren	*Seine Besserwisserei resultiert aus einem Minderwertigkeitsgefühl.*
ringen	*Der Asthmatiker ringt nach Luft. Der Philosoph ringt um die Wahrheit.*
schelten	*Sie schilt auf ihn. Er schalt über deine Unpünktlichkeit.*
scherzen	*Wir scherzen über den ungeschickten Mann. Sie scherzen über die erfolglose Politik.*
scheuen	*Das Pferd scheute vor dem Auto.*
schimpfen	*Die Frau schimpfte auf ihren Mann. Er schimpfte über ihre schlechte Arbeit.*
schreiben	*Er schrieb über seine letzte Auslandsreise. Du schriebst von großen Schwierigkeiten bei deinem Studium. Der Journalist schreibt gegen den Krieg.*
schwärmen	*Die Mädchen schwärmten von dem jungen Lehrer. Er schwärmte von der Schönheit der Natur.*
schwören	*Schwörst du auf diese Medizin? Er schwört auf seinen Freund.*

Глаголы, требующие дополнения с предлогом

sehen	Er sieht auf gutes Benehmen. Ich gehe jetzt in die Küche und sehe nach dem Essen.
sein	Wir sind nicht gegen Alkohol. Sind sie für Jazz? Die Reihe ist jetzt an dir.
sorgen	Der Vater sorgt für seine Familie. Sorgen Sie bitte für Ruhe!
spekulieren	Er spekuliert schon lange auf den Posten eines Direktors, hat ihn aber bis jetzt noch nicht bekommen.
sprechen	Deine Antwort spricht für deine Klugheit. Ich spreche über die Schwierigkeiten in der Politik. Seine Eitelkeit spricht gegen ihn. Sprachen Sie eben von mir? Willst du mit deinem Bruder sprechen? Der Redner sprach zu den Anwesenden.
stehen	Du kannst beruhigt sein, ich stehe immer zu dir.
sterben	Er ist an Krebs gestorben.
stimmen	Die Mehrheit im Parlament stimmte gegen die Gesetzesvorlage. Sie stimmten für eine Steuersenkung. Stimmen die Angaben, die wir haben, zu der Beschreibung des Diebes?
streben	Der junge Mann strebt nach Erfolg.
streiten	Die Kinder streiten um den Ball. Er stritt mit seiner Frau.
suchen	Er sucht nach Wahrheit, findet aber nur Lüge. Die Polizei sucht nach dem entflohenen Gefangenen.
taugen	Er taugt nicht zu einer verantwortungsvollen Aufgabe. Das Buch taugt nicht für Kinder.
teil/haben	Er möchte auch an unserem Geschäft teilhaben.
trachten	Die Menschen trachten nach Wohlstand und Glück.
tragen	Der alte Mann trägt schwer an seinem Schicksal.
trauern	Die Verwandten trauern um den Toten.
träumen	Er träumt von Liebe und Glück.
trinken	Wir wollen jetzt auf Ihre Gesundheit trinken.
um/gehen	Können Sie mit Pferden umgehen? Gehen Sie mit diesen teueren Instrumenten vorsichtig um.
urteilen	Wir urteilen nicht über dich.

Глаголы, требующие дополнения с предлогом

verfügen	Verfügen Sie über mich! Über wieviel Geld verfügen Sie?
verlangen	Sie verlangte nach einem Glas Wasser. Der Kranke verlangte nach einem Arzt.
verstoßen	Er hat gegen das Gesetz verstoßen.
vertrauen	Wir vertrauen auf deine Geschicklichkeit. Sie vertraut auf ihn.
verzichten	Wir wollen nicht auf unsere Rechte verzichten. Der König verzichtete auf seinen Thron.
wachen	Die Soldaten wachen über die Freiheit ihres Landes.
warten	Wir warten auf unseren Freund. Er wartet auf das Ende des Winters.
weinen	Sie weinte über den Verlust ihres Geldes. Er weinte um seinen toten Freund.
wetteifern	Er wetteiferte mit seinem Bruder.
wissen	Wir wissen um die Schwierigkeiten deines Berufs. Ich weiß von den dunklen Geschäften deines Bruders.
zählen	Ihr könt jederzeit auf mich zählen.
zerbrechen	Die Frau ist an ihrem Schicksal zerbrochen.
zögern	Warum zögern Sie mit der Antwort?
zurück/kommen	Wir kommen noch einmal auf dieses Thema zurück.
zusammen/stoßen	Das Auto ist mit der Straßenbahn zusammengestoßen.
zweifeln	Der Arzt zweifelte an der Genesung des Kranken. Wir zweifeln an den ehrlichen Absichten des Mannes. Wir zweifeln an diesem Mann.

Глаголы, требующие дополнения в винительном и дательном падежах

ab/nehmen	Die Polizei nahm dem Mann die Waffe ab.
an/bieten	Sie bot ihrem Gast eine Tasse Kaffee an.
auf/drängen	Der Kaufmann drängte mir seine Ware auf.
auf/zwingen	Die Sieger zwangen den Besiegten ihre Bedingungen auf.

Глаголы, требующие дополнения в винит. и дат. падежах

befehlen	Der Kommandeur befahl seinem Regiment den Angriff.
bereiten	Sie bereitete den Durchreisenden eine Mahlzeit.
berichten	Er berichtete mir den Vorfall.
bewilligen	Der Direktor bewilligte ihr einen Sonderurlaub.
bringen	Der Kellner brachte mir das Essen.
ein/flößen	Die Schwester flößte dem Schwerkranken die Arznei ein.
empfehlen	Das Reisebüro hat ihm dieses Hotel empfohlen.
entreißen	Der Dieb entriß der Frau die Handtasche.
entziehen	Die Behörde hat dem Händler die Verkaufslizenz entzogen.
erlauben	Der Ausweis erlaubt mir das Betreten des Fabrikgeländes.
geben	Er hat ihm das Buch gegeben.
gestatten	Er gestattet ihm das Betreten seines Grundstücks. Meine finanzielle Lage gestattet mir keine größere Reise.
gewähren	Sie gewährte ihm eine Bitte.
gönnen	Wir gönnen dir deinen Erfolg.
lassen	Wir lassen dir dein Vergnügen. Er ließ mir den Rest des Geldes.
leihen	Leihen Sie mir Ihren Wagen?
liefern	Liefern Sie mir eine Kiste Wein!
melden	Der Wachhabende meldete dem Offizier vom Dienst die Vorkommnisse.
mit/teilen	Wann teilen Sie mir Ihre Ankunft mit?
nehmen	Der Dieb hat mir mein ganzes Geld genommen.
offenbaren	Der offenbarte ihr seine Liebe.
opfern	Er opferte der Firma seine freie Zeit.
rauben	Er raubte den Reisenden das ganze Geld.
reichen	Reichen Sie mir bitte das Salz!
schenken	Ich habe ihm ein Buch geschenkt.
schicken	Wir haben unseren Eltern ein Päckchen geschickt.
schreiben	Ich habe meinem Freund einen Brief geschrieben.

Глаголы, требующие дополнения в винит. и дат. падежах

schulden	Er schuldet mir noch zehn Mark.
senden	Wir senden Ihnen die bestellte Ware.
stehlen	Er hat der Frau die Handtasche gestohlen.
übergeben	Der Bote übergab dem Direktor den Brief.
überlassen	Können Sie mir für kurze Zeit das interessante Buch überlassen?
untersagen	Er untersagte den Leuten den Zutritt.
verbieten	Man hat den Jugendlichen das Betreten dieses Lokals verboten.
verhehlen	Sie konnte mir ihre Neugier nicht verhehlen.
verheimlichen	Man verheimlichte ihm den wahren Sachverhalt.
verheißen	Er verhieß dem jungen Mann eine erfolgreiche Zukunft.
verkaufen	Man verkaufte mir sehr schlechte Ware.
verkünden	Der Pfarrer verkündete der Pfarrgemeinde die Aufgebote.
versagen	Der Vater versagte seiner Tochter ihren Wunsch.
verschaffen	Er verschaffte der Firma einen Kredit.
versprechen	Er versprach dem Finder eine Belohnung.
verweigern	Der Soldat verweigerte dem Offizier den Gehorsam.
verzeihen	Verzeihen Sie ihm seine Unhöflichkeit.
vor/lesen	Die Mutter las ihrem Kind eine Geschichte vor.
vor/rechnen	Er rechnete seinem Vater die Schulden vor, die er gemacht hatte.
vor/tragen	Das Mädchen trung ihrer Klasse ein schönes Gedicht vor.
vor/werfen	Der Tierwärter warf den Raubtieren große Fleischstücke vor. Er warf dem Freund seine Lügen vor.
widmen	Er widmete sein erstes Buch seinen Eltern.
zeigen	Zeigen Sie mir bitte Ihre neuesten Fotos!
zu/führen	Er führte dem Kaufmann einen neuen Kunden zu.
zu/muten	Du kannst dem Kind eine so schwere Arbeit nicht zumuten.
zu/rufen	Er rief dem Jungen eine Warnung zu.
zu/werfen	Er warf mir den Ball zu.

Глаголы, требующие прямого дополнения и дополнения с предлогом

ab/halten	Das Kind hat die Mutter von der Arbeit abgehalten.
ab/härten	Kaltes Wasser härtet einen gegen Erkältungen ab.
adressieren	Er adressierte den Brief an die Firma Müller & Co.
ändern	Wir können an seiner Entscheidung nichts ändern.
auf/wenden	Für seine Kinder hat er eine Menge Geld aufgewendet.
auf/ziehen	Diese alte Uhr muß man noch mit einem Schlüssel aufziehen. Er zieht mich immer mit meiner Ungeschicklichkeit auf.
aus/geben	Er gibt für sein Hobby eine Menge Geld aus. Gibst du für uns eine Runde Bier aus?
aus/teilen	Sie teilt die Äpfel an die Kinder aus. Der Lehrer teilte die Arbeitshefte an die Schüler aus.
bedrängen	Sie bedrängte ihn ständig mit ihren Bitten.
befragen	Auf der Polizeiwache befragte man ihn über den Hergang des Unfalls.
befreien	Bitte, befreien Sie mich von diesem lästigen Menschen.
beglückwünschen	Wir beglückwünschen Sie zum erfolgreichen Abschluß Ihres Studiums.
belasten	Wir belasten Ihr Konto mit den Versandkosten.
benutzen	Dieses Werkzeug benutzt man zum Öffnen von Konservendosen.
beschäftigen	Die Eltern beschäftigen ihre Kinder mit Bastelarbeiten.
beschränken	Die Firma beschränkt ihren Export auf europäische Länder.
beschützen	Die Polizei beschützt die Bürger vor Verbrechern.
betrügen	Der Mann hat mich um 10 Mark betrogen. Er hat seine Frau mit einer Geliebten betrogen.
beurteilen	Man beurteilt einen Menschen nach seinen Leistungen. Er beurteilt das Bier nach seinem Alkoholgehalt.

Глаголы, треб. прямого дополнения и доп. с предлогом

bewahren	Die Impfung bewahrte mich vor einer Infektion.
bewegen	Mein Freund bewog mich zum Kauf eines Autos.
bitten	Viele Theaterbesucher baten den Schauspieler um ein Autogramm.
bringen	Der Betrüger hat den Kaufmann um sein ganzes Vermögen gebracht.
dispensieren	Der Minister dispensierte den Beamten von seinem Amt.
dividieren	Dividiere 24 durch 2!
drängen	Er drängte mich zur Abreise.
ein/laden	Ich lade dich zum Fest ein. Wir laden ihn zu uns ein.
ein/stellen	Er stellte sein Verhalten auf die Umstände ein.
ein/teilen	Er teilt die Arbeiter zum Löschen der Schiffsladung ein.
entbinden	Er entband den Geschäftsführer von seinen Pflichten.
entlasten	Der Zeuge entlastete den Angeklagten von dem Verdacht.
entnehmen	Er entnahm das Geld aus der Ladenkasse.
erinnern	Ich erinnere dich an dein Versprechen.
erkennen	Wir erkennen dich an deinem Schnurrbart.
ermahnen	Der Vater ermahnte seinen Sohn zur Redlichkeit.
ersehen	Deine Einstellung zur Arbeit ersehen wir aus deinem Verhalten.
ersuchen	Wir ersuchen Sie um eine baldige Nachricht.
fragen	Er hat mich nach deinem Aufenthaltsort gefragt.
frei/sprechen	Der Richter sprach den Angeklagten von jeder Schuld frei.
gewinnen	Man gewinnt Teer aus Kohle. Wir haben den fähigen Ingenieur für unsere Firma gewonnen.
gewöhnen	Die Mutter hat ihr Kind an die Flasche gewöhnt.
her/geben	Er gab sein Geld für eine hoffnungslose Sache her.
hindern	Er hinderte mich am Aufstehen. Der verletzte Finger hindert mich bei der Arbeit.
hin/weisen	Darf ich Sie auf ein günstiges Angebot hinweisen? Ich weise Sie auf die Polizeivorschriften hin.

Глаголы, треб. прямого дополнения и доп. с предлогом

hören	Hast du etwas Neues von deinem Bruder gehört?
interessieren	Ich möchte ihn an unserem Geschäft interessieren. Er wollte mich für seine politischen Anschauungen interessieren.
konfrontieren	Er konfrontierte mich mit dem Verleumder.
liefern	Die Firma liefert ihre Produkte an die hiesigen Drogerien.
necken	Er neckt sie mit ihrem neuen Hut.
nötigen	Sie nötigt das Kind zum Essen.
orientieren	Er orientierte mich über den Verlauf der Tagung.
plagen	Er plagte mich mit unbequemen Fragen.
rechtfertigen	Er rechtfertigt sein schlechtes Betragen mit seiner Nervosität.
richten	Wir richten den Brief an die Stadtverwaltung.
schließen	Wir schließen aus seinem Verhalten, daß er uns mißtraut.
schreiben	Ich habe einen Bericht an die Direktion geschrieben.
schützen	Du mußt sie vor dem brutalen Menschen schützen.
tauschen	Ich tausche meinen Füller gegen einen Kugelschreiber. Er hat den Platz mit seiner Schwester getauscht.
überreden	Er überredete mich zu einer Seereise.
überschütten	Sie überschütteten den Jungen mit Wasser.
veranlassen	Er veranlaßte den Minister zur Demission.
verbergen	Er verbarg den Flüchtling vor der Polizei.
vereinbaren	Wir haben mit der Firma andere Lieferbedingungen vereinbart.
verführen	Er verführte die Frau zum Diebstahl.
verheiraten	Er verheiratete seine Tochter mit dem Sohn eines Industriellen.
verkaufen	Sie verkaufte die Blumen an die Vorübergehenden.
verknüpfen	Sie verknüpfte die beiden Seilenden miteinander.
verlangen	Er verlangt von ihm die Herausgabe der Dokumente. Sie verlangt Geld von ihm.
verleiten	Er hat sie zum Diebstahl verleitet.

Глаголы, треб. прямого дополнения и доп. с предлогом

verpflichten	Wir verpflichten euch zur Geheimhaltung.
verraten	Er verriet ihn an seine Feinde.
versehen	Er versah mich mit ausreichenden Geldmitteln.
verteilen	Sie verteilte das Brot unter die Armen.
verweisen	Er hat mich an Sie verwiesen.
verwenden	Verwenden Sie das Geld zum Kauf eines Grundstücks.
warnen	Man warnte mich vor dem Betrüger.

Глаголы, требующие "формального" и предложного дополнений (возвратные глаголы)

ab/heben	Auf dem Bild heben sich die Personen gut vom Hintergrund ab.
ängstigen	Das Kind ängstigt sich vor dem fremden Mann.
ärgern	Er ärgert sich über seinen Mißerfolg. Der Vater ärgert sich über seinen ungezogenen Sohn.
auf/regen	Er regt sich über die Faulheit seines Lehrlings auf. Er regt sich über den faulen Lehrling auf.
auf/schwingen	Endlich hast du dich zu einem Entschluß aufgeschwungen. (Umgangssprache).
aus/drücken	Dummheit drückt sich meistens in Hochmut und Stolz aus.
aus/sprechen	Sie sprachen sich offen über ihre Probleme aus. Der Sohn sprach sich mit seinem Vater aus. Sprechen Sie sich für den Verkauf des Hauses aus oder dagegen?
aus/weisen	Können Sie sich über Ihre Sprachkenntnisse ausweisen?
bedanken	Ich bedanke mich herzlich für Ihr Geschenk. Wir bedanken uns für eine derartig schlechte Behandlung.
befassen	Er befaßt sich seit einiger Zeit mit Fremdsprachen.
begnügen	Die Arbeiter wollen sich nicht mehr mit ihrem bisherigen Lohn begnügen.

Возвратные глаголы

belustigen	Die Kinder belustigen sich mit den neuen Spielsachen. Er belustigte sich über die Ungeschicklichkeit des alten Mannes.
bemühen	Der Arzt bemühte sich um den Verletzten. Bemühen Sie sich nicht um uns!
berufen	Der Angeklagte berief sich auf die Aussagen des Zeugen.
beschränken	Ich kann Ihnen nicht alles erzählen, ich muß mich auf das Notwendigste beschränken.
besinnen	Ich kann mich nicht mehr auf den Mann besinnen, der mir das gesagt hat. Können Sie sich nicht auf unser letztes Zusammentreffen besinnen?
beziehen	Ich beziehe mich auf Ihren letzten Brief. Sie können sich auf unsere Unterredung beziehen.
distanzieren	Wir distanzieren uns energisch von den Äußerungen des Politikers.
drücken	Er will sich immer von der Arbeit drücken. Ihr könnt euch nicht um die Probleme drücken.
einigen	Wir einigten uns auf einen Kaufpreis von DM 50000, -.
ein/lassen	Laß dich nicht mit diesem Betrüger ein!
ein/stellen	Du mußt dich auf deinen Gesprächspartner einstellen.
entscheiden	Sie hat sich immer für das Richtige entschieden. Ich habe mich gegen den Verkauf des Grundstücks entschieden.
entschließen	Er hat sich zu einer Amerikareise entschlossen. Ich entschloß mich für dieses Buch. Das Parlament hat sich gegen die Gesetzesvorlage entschlossen.
entsinnen	Ich entsinne mich nicht mehr auf diesen Mann.
erbarmen	Er erbarmte sich über das arme Kind.
erfreuen	Wir erfreuen uns an dem Gesang der Vögel.
erheben	Das Volk hat sich gegen den Diktator erhoben.
erholen	Mein Vater hat sich von seiner Krankheit erholt.
erregen	Das Volk erregte sich über die Verordnungen des Finanzministers. Der Mann hat sich über den frechen Jungen erregt.

Возвратные глаголы

erstrecken	Die ministerielle Verordnung erstreckt sich auf alle Männer bis 45 Jahre.
freuen	Wir freuen uns auf die kommenden Feiertage. Peter freut sich über die Geschenke.
fügen	Die Menschen müssen sich in ihr Schicksal fügen.
fürchten	Die Kinder fürchten sich vor ihrem gestrengen Vater.
heraus/reden	Niemand wird dir glauben, wenn du dich immer mit deiner vielen Arbeit herausredest.
hüten	Sie müssen sich vor jenem Menschen hüten. Hüten Sie sich vor Erkältungen.
interessieren	Interessieren Sie sich für Fotografie? Er interessiert sich sehr für dieses hübsche Mädchen.
kehren	Kehren Sie sich nicht an die Beschimpfungen dieses Menschen.
konzentrieren	Wir müssen uns jetzt auf unsere Arbeit konzentrieren. Seine Bemühungen konzentrieren sich auf die Verbesserung der Lage.
kümmern	Kümmern Sie sich um Ihre Angelegenheiten! Er kümmert sich nicht um seine Familie.
rächen	Sie rächten sich an ihren Feinden. Sie rächten sich für die jahrelange Unterdrückung.
reimen	‚Haus‘ reimt sich auf ‚Maus‘.
schämen	Sie schämte sich vor den Leuten. Er schämte sich wegen seiner Feigheit.
scheuen	Das Kind scheut sich vor fremden Menschen.
sehnen	Die Auswanderer sehnten sich nach ihrer Heimat.
sorgen	Die Mutter sorgte sich um ihr krankes Kind.
sträuben	Wir sträuben uns gegen den Verkauf des Grundstücks.
täuschen	Wir haben uns sehr in diesem Menschen getäuscht. Täuschen Sie sich nicht über die Schwierigkeiten der Probleme.
tragen	Er trägt sich mit dem Gedanken, im Sommer nach Schweden zu reisen.
verlassen	Sie können sich auf mich verlassen. Kann man sich heute wohl auf das Wetter verlassen?

Прилагательные, требующие дательного падежа

verlegen	Die Junge verlegte sich aufs Lügen. Nachdem wir mit Textilien keinen Erfolg hatten, verlegten wir uns auf den Handel mit Zigaretten.
verstehen	Ich verstehe mich gut mit ihm. Verstehst du dich aufs Fotografieren?
verwandeln	Das Wasser verwandelt sich in Dampf. Der böse Zauberer verwandelte sich in eine häßliche Kröte.
wehren	Wehrt euch gegen eure Feinde! Wir wehren uns gegen jedes Unrecht.
wenden	Bitte, wenden Sie sich an den Direktor! Das Schicksal wendete sich gegen uns.
wundern	Die Lehrer wunderten sich über die guten Leistungen der Schüler. Wir wundern uns über euch.
zusammen/ finden	Sie fanden sich zu gemeinsamer Arbeit zusammen.

Прилагательные, требующие дательного падежа

abhold	Sie ist Männern abhold.
ähnlich	Er sieht seinem Onkel ähnlich. Er ist ihm ähnlich.
angeboren	Der Herzfehler ist ihm angeboren.
angenehm	Ihr Besuch ist mir stets angenehm.
begreiflich	Deine Erregung ist mir begreiflich.
behilflich	Der Mann war mir behilflich.
bekannt	Der Mann ist mir bekannt. Das Verfahren ist ihm bekannt.
bekömmlich	Das Essen war den Kindern nicht bekömmlich.
bewußt	Sein Fehlverhalten wurde ihm bewußt.
ergeben	Der Diener war seiner Herrschaft ergeben.
fern	Ein solches Verhalten liegt ihm fern.
fremd	Derartige Sitten waren ihm fremd. Der Mann ist mir fremd.
genehm	Die Arbeit war ihm nicht genehm.
geneigt	Er war mir geneigt.
gewogen	Sie war ihm gewogen.
gleich	Das ist mir gleich.

Прилагательные, требующие дательного падежа

gleichgültig	Das Schicksal ihrer Kinder war ihr gleichgültig.
gram	Er ist mir gram.
leid	Dein Mißerfolg tut mir leid.
lieb	Mir wäre ein längerer Urlaub lieb.
nahe	Diese Familie steht mir nahe.
nützlich	Haustiere sind den Menschen nützlich.
peinlich	Eine Begegnung mit ihm ist mir peinlich.
recht	Der Termin ist mir recht.
schädlich	Alkohol ist den Kindern schädlich.
treu	Er war ihm treu.
unbegreiflich	Dein Verhalten war mir unbegreiflich.
untertran	Das ganze Land war dem König untertan.
zugetan	Sie war ihm zugetan.
zuwider	Der Mensch ist mir zuwider.

Прилагательные, требующие дополнения с предлогом

abhängig	Die Kinder sind von ihren Eltern abhängig.
angewiesen	Er ist auf mich angewiesen.
ärgerlich	Wir sind über dein Benehmen ärgerlich.
arm	Das Land ist arm an Mineralien.
aufgebracht	Wir sind über den ungezogenen Jungen aufgebracht.
begierig	Er ist nach allem Neuen begierig. Wir sind auf die Nachrichten begierig.
bekannt	Ich bin mit ihm bekannt.
beliebt	Der Junge ist bei seinen Lehrern beliebt.
bereit	Wir sind zur Abreise bereit.
besorgt	Die Mutter ist um ihr krankes Kind besorgt.
bestürzt	Ich bin bestürzt über diese Todesnachricht.
bezeichnend	Das schlechte Benehmen ist für den Jungen bezeichnend.
eifersüchtig	Sie ist eifersüchtig auf ihren Freund.
eingebildet	Er ist auf seine adlige Herkunft eingebildet.

Прилагательные, требующие дополнения с предлогом

einverstanden	Wir sind mit dem Hauskauf einverstanden.
empfänglich	Er ist für Schmeicheleien empfänglich.
entrüstet	Er ist über ihre lockeren Sitten entrüstet.
entschlossen	Wir sind zur Abreise entschlossen.
ergrimmt	Er ist über seinen Sohn ergrimmt.
erhaben	Sie ist über diese Leute erhaben.
erstaunt	Wir sind über das rasche Ende der Konferenz erstaunt.
fähig	Der Mann ist zu jeder Tat fähig.
fertig	Ich bin mit meiner Arbeit fertig. Er ist mit dir fertig; er will nichts mehr mit dir zu tun haben. Wir sind fertig zur Abreise.
frei	Er ist frei von ansteckenden Krankheiten.
freundlich	Sie ist zu allen Leuten freundlich.
froh	Wir sind froh über deinen Erfolg.
geeignet	Das Buch ist für den Unterricht geeignet.
gefaßt	Ich bin auf alle möglichen Überraschungen gefaßt.
geneigt	Er ist zu einem Entgegenkommen geneigt.
genug	Wir haben genug von diesem Menschen.
gewandt	Sie ist in der Hausarbeit gewandt.
gierig	Er ist nach Geld gierig.
gleichgültig	Er ist seiner Familie gegenüber gleichgültig.
grausam	Er ist grausam gegen Tiere.
hart	Der Offizier ist hart gegen die Soldaten. Ihr seid hart zu uns.
interessant	Der Vortrag war interessant für uns.
interessiert	Wir sind an einer Reise nach Finnland interessiert.
mißtrauisch	Er ist gegen jedermann mißtrauisch.
nachteilig	Die Bedingungen sind für uns nachteilig.
neidisch	Er ist neidisch auf uns.
nützlich	Fremdsprachenkenntnisse sind für Kaufleute nützlich.
reich	Das Land ist reich an Mineralvorkommen.
schädlich	Rauchen ist schädlich für die Gesundheit.

Прилагательные, требующие дополнения с предлогом

schmerzlich	Der Verlust seines Freundes war sehr schmerzlich für ihn.
stolz	Der Vater ist stolz auf seinen erfolgreichen Sohn.
streng	Der Lehrer ist streng zu den Kindern.
traurig	Wir sind traurig über deinen Mißerfolg.
tüchtig	Der junge Mann ist im Verkauf tüchtig.
vergleichbar	Deine Arbeit ist mit ihrer Arbeit nicht vergleichbar.
verliebt	Er ist in das Mädchen verliebt.
verlobt	Sie ist mit meinem Bruder verlobt.
wichtig	Der Brief ist wichtig für mich.
zornig	Er ist zornig auf uns.
zufrieden	Wir sind mit unserer Arbeit zufrieden.

Таблица нахождения инфинитива

В левой колонке в алфавитном порядке даны формы сильных глаголов без возможных префиксов, за исключением be-, emp-, ent-, er-, ge- и др.

В правой колонке указана соответствующая форма инфинитива, как она стоит в словаре, в том числе с приставками be-, emp-, ent-, er-, ge- и т. д.

Условные обозначения:

- данная форма может употребляться только с префиксом
-funden   finden (gefunden, befunden, erfunden...)

1 презенс, форма 3-лица единственного числа

fällt   fallen (er fällt)

1a презенс, форма 1-го и 3-го лица единственного числа

weiß   wissen (ich weiß/er weiß)

2 претерит, форма 1-го и 3-го лица единственного числа

dachte   denken (ich dachte/er dachte)

2s конъюнктив II, форма 1-го и 3-го лица единственного числа (только особые формы с ö и ü вместо ä)

Таблица нахождения инфинитива

stünde   stehen (ich stünde/er stünde)
3 партицип II, без префикса

-funden   finden (gefunden)

в тексте	инфинитив	в тексте	инфинитив
2 aß	essen	2 briet	braten
1 bäckt	backen	3 -brochen	brechen
2 band	binden	2 buk	backen
2 ge-bar	gebären	3 -bunden	binden
2 barg	bergen	3 -dacht	denken
2 barst	bersten	2 dachte	denken
2 bat	bitten	2 dang	dingen
3 -beten	bitten	2 ver-darb	verderben
1 ge-biert	gebären	1a darf	dürfen
1 bin (ich)	sein	1 deucht	dünken
1 birgt	bergen	3 -deucht	dünken
1 birst	bersten	2 deuchte	dünken
2 biß	beißen	2 ge-dieh	gedeihen
3 -bissen	beißen	3 ge-diehen	gedeihen
1 bist (du)	sein	1 ver-dirbt	verderben
1 bläst	blasen	3 ver-dorben	verderben
2 blich	bleichen	2 drang	dringen
3 -blichen	bleichen	2 drasch	dreschen
2 blieb	bleiben	1 drischt	dreschen
3 -blieben	bleiben	2 drosch	dreschen
2 blies	blasen	3 -droschen	dreschen
2 bog	biegen	2 ver-droß	verdrießen
3 -bogen	biegen	3 ver-drossen	verdrießen
3 ge-boren	gebären	3 -drungen	dringen
3 -borgen	bergen	3 -dungen	dingen
3 -borsten	bersten	2s ver-dürbe	verderben
2 bot	bieten	3 -durft	dürfen
3 -boten	bieten	2 durfte	dürfen
2 brach	brechen	2 be-fahl	befehlen
3 -bracht	bringen	2 emp-fahl	empfehlen
2 brachte	bringen	1 fährt	fahren
3 -brannt	brennen	1 fällt	fallen
2 brannte	brennen	2 fand	finden
1 brät	braten	1 fängt	fangen
1 bricht	brechen	1 ficht	fechten

Таблица нахождения инфинитива

1	be-fiehlt	befehlen	2	glitt	gleiten
1	emp-fiehlt	empfehlen	3	-glitten	gleiten
2	fiel	fallen	2	glomm	glimmen
2	fing	fangen	3	-glommen	glimmen
1	flicht	fleichten	3	-golten	gelten
2	be-fliß	befleißen	2s	be-gönne	beginnen
3	be-flissen	befleißen	3	be-gonnen	beginnen
2	flocht	flechten	2	gor	gären
3	-flochten	flechten	3	-goren	gären
2	flog	fliegen	2	goß	gießen
3	-flogen	fliegen	3	-gossen	gießen
2	floh	fliehen	1	gräbt	graben
3	-flohen	fliehen	2	griff	greifen
2	floß	fließen	3	-griffen	greifen
3	-flossen	fließen	2	grub	graben
2	focht	fechten	2	half	helfen
3	-fochten	fechten	1	hält	halten
2s	be-föhle	befehlen	3	-hangen	hängen
2s	emp-föhle	empfehlen	1	hast (du)	haben
3	be-fohlen	befehlen	1	hat	haben
3	emp-fohlen	empfehlen	2	hatte	haben
1	frägt	fragen	2	hieb	hauen
2	fraß	fressen	2	hielt	halten
1	frißt	fressen	2	hieß	heißen
2	fror	frieren	1	hilft	helfen
3	-froren	frieren	2	hing	hängen
2	frug	fragen	2	hob	heben
2	fuhr	fahren	3	-hoben	heben
3	-funden	finden	3	-holfen	helfen
2	gab	geben	2	hub	heben
2	galt	gelten	2s	hülfe	helfen
3	-gangen	gehen	1	ißt	essen
2	be-gann	beginnen	1	ist	sein
2	ver-gaß	vergessen	2	kam	kommen
3	ge-gessen	essen	1a	kann	können
1	gibt	geben	3	-kannt	kennen
1	gilt	gelten	2	kannte	kennen
2	ging	gehen	2	klang	klingen
1	ver-gißt	vergessen	2	klomm	klimmen
2	glich	gleichen	3	-klommen	klimmen
3	-glichen	gleichen	3	-klungen	klingen

Таблица нахождения инфинитива

2	kniff	kneifen	1	milkt	melken
3	-kniffen	kneifen	1	mißt	messen
3	ge-konnt	können	3	-mocht	mögen
2	konnte	können	2	mochte	mögen
3	-koren	kiesen/küren	2	molk	melken
2	krisch	kreischen	3	-molken	melken
3	-krischen	kreischen	1a	muß	müssen
2	kroch	kriechen	3	ge-mußt	müssen
3	-krochen	kriechen	2	mußte	müssen
1	lädt	laden	2	nahm	nehmen
2	lag	liegen	3	-nannt	nennen
2	ge-lang	gelingen	2	nannte	nennen
2	miß-lang	mißlingen	2	ge-nas	genesen
2	las	lesen	1	nimmt	nehmen
1	läßt	lassen	3	-nommen	nehmen
1	läuft	laufen	2	ge-noß	genießen
3	-legen	liegen	3	ge-nossen	genießen
2	lief	laufen	2	pfiff	pfeifen
2	lieh	leihen	3	-pfiffen	pfeifen
3	-liehen	leihen	2	pflog	pflegen
2	ließ	lassen	3	ge-pflogen	pflegen
1	liest	lesen	2	pries	preisen
1	er-lischt	erlöschen	3	-priesen	preisen
1	ver-lischt	verlöschen	1	quillt	quellen
2	litt	leiden	2	quoll	quellen
3	-litten	leiden	3	-quollen	quellen
2	log	lügen	2	rang	ringen
3	-logen	lügen	2	rann	rinnen
2	ver-lor	verlieren	3	-rannt	rennen
3	ver-loren	verlieren	2	rannte	rennen
2	er-losch	erlöschen	1	rät	raten
2	ver-losch	verlöschen	2	rieb	reiben
3	er-loschen	erlöschen	3	-rieben	reiben
3	ver-loschen	verlöschen	2	rief	rufen
2	lud	laden	2	riet	raten
3	ge-lungen	gelingen	2	riß	reißen
3	miß-lungen	mißlingen	3	-rissen	reißen
1a	mag	mögen	2	ritt	reiten
2	maß	messen	3	-ritten	reiten
2	mied	meiden	2	roch	riechen
3	-mieden	meiden	3	-rochen	riechen

Таблица нахождения инфинитива

2s	rönne	rinnen	3	-schnitten	schneiden
3	-ronnen	rinnen	2	schnob	schnauben
3	-rungen	ringen	3	-schnoben	schnauben
2	sah	sehen	2	schob	schieben
3	-sandt	senden	3	-schoben	schieben
2	sandte	senden	2	scholl	schallen
2	sang	singen	3	-schollen	schallen
2	sank	sinken	3	-scholten	schelten
2	sann	sinnen	2	schor	scheren
2	saß	sitzen	3	-schoren	scheren
1	säuft	saufen	2	schoß	schießen
2	ge-schah	geschehen	3	-schossen	schießen
2	schalt	schelten	2	-schrak	-schrecken
2	schied	scheiden	1	-schrickt	-schrecken
3	-schieden	scheiden	2	schrie	schreien
1	ge-schieht	geschehen	2	schrieb	schreiben
2	schien	scheinen	3	-schrieben	schreiben
3	-schienen	scheinen	3	-schrien	schreien
1	schilt	schelten	2	schritt	schreiten
2	schiß	scheißen	3	-schritten	schreiten
3	-schissen	scheißen	3	-schrocken	schrecken
1	schläft	schlafen	2	schuf	schaffen
1	schlägt	schlagen	3	-schunden	schinden
2	schlang	schlingen	2	schwamm	schwimmen
2	schlich	schleichen	2	schwand	schwinden
3	-schlichen	schleichen	2	schwang	schwingen
2	schlief	schlafen	2	schwieg	schweigen
2	schliff	schleifen	3	-schwiegen	schweigen
3	-schliffen	schleifen	1	schwillt	schwellen
2	schliß	schleißen	1	schwiert	schwären
3	-schlissen	schleißen	2	schwoll	schwellen
2	schloß	schließen	3	-schwollen	schwellen
3	-schlossen	schließen	2s	schwömme	schwimmen
2	schlug	schlagen	3	-schwommen	schwimmen
3	-schlungen	schlingen	2	schwor	schwören
1	schmilzt	schmelzen	3	-schworen	schwören
2	schmiß	schmeißen	3	-schwunden	schwinden
3	-schmissen	schmeißen	3	-schwungen	schwingen
2	schmolz	schmelzen	2	schwur	schwören
3	-schmolzen	schmelzen	1	seid (ihr)	sein
2	schnitt	schneiden	3	-sessen	sitzen

Таблица нахождения инфинитива

1	sieht	sehen	3	-stohlen	stehlen
1	sind (wir, sie)	sein	3	-storben	sterben
2	soff	saufen	1	stößt	stoßen
3	-soffen	saufen	2	strich	streichen
2	sog	saugen	3	-strichen	streichen
3	-sogen	saugen	2	stritt	streiten
2s	sönne	sinnen	3	-stritten	streiten
3	-sonnen	sinnen	2s	stünde	stehen
2	sott	sieden	3	-stunken	stinken
3	-sotten	sieden	2s	stürbe	sterben
2	spann	spinnen	3	-sungen	singen
2	spie	speien	3	-sunken	sinken
3	-spien	speien	3	-tan	tun
2	spliß	spleißen	2	tat	tun
3	-splissen	spleißen	2	traf	treffen
2s	spönne	spinnen	1	trägt	tragen
3	-sponnen	spinnen	2	trank	trinken
2	sprach	sprechen	2	trat	treten
2	sprang	springen	2	trieb	treiben
1	spricht	sprechen	3	-trieben	treiben
3	-sprochen	sprechen	1	trifft	treffen
2	sproß	sprießen	1	tritt	treten
3	-sprossen	sprießen	2	troff	triefen
3	-sprungen	springen	3	-troffen	treffen/ triefen
2	stach	stechen			
2	stahl	stehlen	2	trog	trügen
2	stak	stecken	3	-trogen	trügen
2	stand	stehen	2	trug	tragen
3	-standen	stehen	3	-trunken	trinken
2	stank	stinken	1	wächst	wachsen
2	starb	sterben	2	wand	winden
1	sticht	stechen	3	-wandt	wenden
2	stieg	steigen	2	wandte	wenden
3	-stiegen	steigen	2	ge-wann	gewinnen
1	stiehlt	stehlen	2	war	sein
2	stieß	stoßen	2	warb	werben
1	stirbt	sterben	2	ward	werden
2	stob	stieben	2	warf	werfen
3	-stoben	stieben	1	wäscht	waschen
3	-stochen	stechen	1a	weiß	wissen
			3	ge-wesen	sein

Таблица нахождения инфинитива

2	wich	weichen	3	worden	werden
3	-wichen	weichen	3	-worfen	werfen
2	wies	weisen	2	wrang	wringen
3	-wiesen	weisen	3	-wrungen	wringen
1a	will	wollen	2	wuchs	wachsen
1	wirbt	werben	3	-wunden	winden
1	wird	werden	3	-wunken	winken
1	wirft	werfen	2s	würbe	werben
1	wirst (du)	werden	2	wurde	werden
2	wob	weben	2s	würfe	werfen
3	-woben	weben	2	wusch	waschen
2	wog	wägen/ wiegen/ bewegen	3	-wußt	wissen
			2	wußte	wissen
			2	zieh	zeihen
3	-wogen	wägen/ wiegen/ bewegen	3	-ziehen	zeihen
			2	zog	ziehen
			3	-zogen	ziehen
2s	ge-wönne	gewinnen	2	zwang	zwingen
3	ge-wonnen	gewinnen	3	-zwungen	zwingen
3	-worben	werben			

Основные формы сильных и неправильных глаголов

В списке указаны, как правило, корневые глаголы, которые могут варьироваться в зависимости от приставки, управления и т.п.

Последний столбец – Gebrauch (применение) – указывает на употребление данного глагола в предложении:

N = Nominativ
D = Dativ
A = Akkusativ
Inf.-K. = Infinitivkonstruktion

Если глагол употребляется с каким-либо падежом не всегда, то падеж стоит в скобках. Если глагол употребляется только с предлогом или обстоятельством, пометы отсутствуют.

Infinitiv	3. Pers. Sg. Präsens	3. Pers. Sg. Präteritum	3. Pers. Sg. Perfekt	Gebrauch
backen	er bäckt (backt)	backte (buk)	er hat gebacken	A
befehlen	er befiehlt	er befahl	er hat befohlen	D + Inf.-K
beginnen	er beginnt	er begann	er hat begonnen	A

Основные формы сильных и неправильных глаголов

beißen	er beißt	er biß	er hat gebissen	A
bergen	er birgt	er barg	er hat geborgen	A
bersten	er birst	er barst	er ist geborsten	–
betrügen	er betrügt	er betrog	er hat betrogen	A
bewegen[1]	er bewegt	er bewog	er hat bewogen	A + Inf.-K
biegen	er biegt	er bog	er hat gebogen	A
bieten	er bietet	er bot	er hat geboten	D A
binden	er bindet	er band	er hat gebunden	A
bitten	er bittet	er bat	er hat gebeten	A + Inf.-K
blasen	er bläst	er blies	er hat geblasen	(A)
bleiben	er bleibt	er blieb	er ist geblieben	–
braten	er brät (bratet)	er briet	er hat gebraten	A
brechen	er bricht	er brach	er ist/hat gebrochen	(A)
brennen	er brennt	er brannte	er hat gebrannt	–
bringen	er bringt	er brachte	er hat gebracht	D A
denken	er denkt	er dachte	er hat gedacht	–
dingen[2]	er dingt	er dang	er hat gedungen	A
dreschen	er drischt	er drosch	er hat gedroschen	A
dringen[3]	er dringt	er drang	er ist/hat gedrungen	–
dürfen	er darf	er durfte	er hat gedurft	–
empfehlen	er empfiehlt	er empfahl	er hat empfohlen	D + Inf.-K D A
erlöschen[4]	er erlischt	er erlosch	er ist erloschen	–
erschrecken[5]	er erschrickt	er erschrak	er ist erschrocken	–
erwägen	er erwägt	er erwog	er hat erwogen	A
essen	er ißt	er aß	er hat gegessen	A
fahren[6]	er fährt	er fuhr	er ist/hat gefahren	(A)
fallen	er fällt	er fiel	er ist gefallen	–
fangen	er fängt	er fing	er hat gefangen	A
fechten	er ficht	er focht	er hat gefochten	–
finden	er findet	er fand	er hat gefunden	A
flechten	er flicht	er flocht	er hat geflochten	A
fliegen[7]	er fliegt	er flog	er ist/hat geflogen	(A)
fliehen	er flieht	er floh	er ist geflohen	–
fließen	er fließt	er floß	er ist geflossen	–
fressen	er frißt	er fraß	er hat gefressen	A
frieren	er friert	er fror	er hat gefroren	–
gären[8]	er gärt	er gor	er ist gegoren	–
gebären	sie gebiert (gebärt)	sie gebar	sie hat geboren	A
geben	er gibt	er gab	er hat gegeben	D A

Основные формы сильных и неправильных глаголов

gedeihen	er gedeiht	er gedieh	er ist gediehen	–
gehen	er geht	er ging	er ist gegangen	–
gelingen	es gelingt	es gelang	er ist gelungen	D + Inf.-K
gelten	er gilt	er galt	er hat gegolten	–
genesen	er genest	er genas	er ist genesen	–
genießen	er genießt	er genoß	er hat genossen	A
geschehen	es geschieht	es geschah	es ist geschehen	–
gewinnen	er gewinnt	er gewann	er hat gewonnen	(A)
gießen	er gießt	er goß	er hat gegossen	A
gleichen	er gleicht	er glich	er hat geglichen	D
gleiten	er gleitet	er glitt	er ist geglitten	–
glimmen	er glimmt	er glomm	er hat geglommen	–
graben	er gräbt	er grub	er hat gegraben	(D)A
greifen	er greift	er griff	er hat gegriffen	(A)
haben	er hat	er hatte	er hat gehabt	A
halten	er hält	er hielt	er hat gehalten	(A)
hängen[9]	er hängt	er hing	er hat gehangen	–
hauen	er haut	er hieb (haute)	er hat gehauen	A
heben	er hebt	er hob	er hat gehoben	A
heißen	er heißt	er hieß	er hat geheißen	(N)AA
helfen	er hilft	er half	er hat geholfen	D
kennen	er kennt	er kannte	er hat gekannt	A
klimmen	er klimmt	er klomm	er ist geklommen	–
klingen	er klingt	er klang	er hat geklungen	–
kneifen	er kneift	er kniff	er hat gekniffen	A
kommen	er kommt	er kam	er ist gekommen	–
können	er kann	er konnte	er hat gekonnt	A
kriechen	er kriecht	er kroch	er ist gekrochen	–
laden	er lädt	er lud	er hat geladen	A
lassen[10]	er läßt	er ließ	er hat gelassen	(D)A
laufen	er läuft	er lief	er ist gelaufen	–
leiden	er leidet	er litt	er hat gelitten	–
leihen	er leiht	er lieh	er hat geliehen	D A
lesen	er liest	er las	er hat gelesen	A
liegen	er liegt	er lag	er hat gelegen	–
lügen	er lügt	er log	er hat gelogen	–
mahlen	er mahlt	er mahlte	er hat gemahlen	A
meiden	er meidet	er mied	er hat gemieden	A
melken	er melkt	er molk (melkte)	er hat gemolken	A
messen	er mißt	er maß	er hat gemessen	A
mögen	er mag	er mochte	er hat gemocht	A

Основные формы сильных и неправильных глаголов

müssen	er muß	er mußte	er hat gemußt	–
nehmen	er nimmt	er nahm	er hat genommen	D A
nennen	er nennt	er nannte	er hat genannt	AA
pfeifen	er pfeift	er pfiff	er hat gepfiffen	A
preisen	er preist	er pries	er hat gepriesen	A
quellen	er quillt	er quoll	er ist gequollen	–
raten	er rät	er riet	er hat geraten	D + Inf.-K
reiben	er reibt	er rieb	er hat gerieben	A
reißen[11]	er reißt	er riß	er hat/ist gerissen	–
reiten[12]	er reitet	er ritt	er ist/hat geritten	(A)
rennen	er rennt	er rannte	er ist gerannt	–
riechen	er riecht	er roch	er hat gerochen	(A)
ringen	er ringt	er rang	er hat gerungen	–
rinnen	er rinnt	er rann	er ist geronnen	
rufen	er ruft	er rief	er hat gerufen	A
salzen	er salzt	er salzte	er hat gesalzen	A
saufen	er säuft	er soff	er hat gesoffen	A
saugen	er saugt	er sog (saugte)	er hat gesogen (gesaugt)	(A)
schaffen[13]	er schafft	er schuf	er hat geschaffen	A
scheiden[14]	er scheidet	er schied	er hat/ist geschieden	(A)
scheinen	er scheint	er schien	er hat geschienen	–
scheißen	er scheißt	er schiß	er hat geschissen	–
schelten	er schilt	er schalt	er hat gescholten	A(AA)
scheren	er schert	er schor	er hat geschoren	(D)A
schieben	er schiebt	er schob	er hat geschoben	A
schießen	er schießt	er schoß	er hat geschossen	(A)
schlafen	er schläft	er schlief	er hat geschlafen	–
schlagen	er schlägt	er schlug	er hat geschlagen	A
schleichen	er schleicht	er schlich	er ist geschlichen	–
schleifen[15]	er schleift	er schliff	er hat geschliffen	A
schließen	er schließt	er schloß	er hat geschlossen	A
schlingen	er schlingt	er schlang	er hat geschlungen	(A)
schmeißen	er schmeißt	er schmiß	er hat geschmissen	A
schmelzen[16]	er schmilzt	er schmolz	er hat/ist geschmolzen	A
schneiden	er schneidet	er schnitt	er hat geschnitten	(A)
schreiben	er schreibt	er schrieb	er hat geschrieben	(D)A
schreien	er schreit	er schrie	er hat geschrie(e)n	–
schreiten	er schreitet	er schritt	er ist geschritten	–
schweigen	er schweigt	er schwieg	er hat geschwiegen	–
schwellen[17]	er schwillt	er schwoll	er ist geschwollen	–

Основные формы сильных и неправильных глаголов

schwimmen[18]	er schwimmt	er schwamm	er ist/hat geschwommen	–
schwingen	er schwingt	er schwang	er hat geschwungen	(A)
schwören	er schwört	er schwor	er hat geschworen	(D)A
sehen	er sieht	er sah	er hat gesehen	A
sein	er ist	er war	er ist gewesen	N
senden[19]	er sendet	er sandte (sendete)	er hat gesandt (gesendet)	(D)A
singen	er singt	er sang	er hat gesungen	A
sinken	er sinkt	er sank	er ist gesunken	–
sinnen	er sinnt	er sann	er hat gesonnen	–
sitzen	er sitzt	er saß	er hat gesessen	–
sollen	er soll	er sollte	er hat gesollt	–
spalten	er spaltet	er spaltete	er hat gespalten	A
speien	er speit	er spie	er hat gespie(e)n	–
spinnen	er spinnt	er spann	er hat gesponnen	A
sprechen	er spricht	er sprach	er hat gesprochen	A
sprießen	er sprießt	er sproß	er ist gesprossen	–
springen	er springt	er sprang	er ist gesprungen	–
stechen	er sticht	er stach	er hat gestochen	(A)
stehen	er steht	er stand	er hat gestanden	–
stehlen	er stiehlt	er stahl	er hat gestohlen	D A
steigen	er steigt	er stieg	er ist gestiegen	–
sterben	er stirbt	er starb	er ist gestorben	–
stieben	er stiebt	er stob	er ist gestoben	–
stinken	er stinkt	er stank	er hat gestunken	–
stoßen[20]	er stößt	er stieß	er hat/ist gestoßen	–
streichen	er streicht	er strich	er hat gestrichen	–
streiten	er streitet	er stritt	er hat gestritten	A
tragen	er trägt	er trug	er hat getragen	(D)A
treffen	er trifft	er traf	er hat getroffen	A
treiben[21]	er treibt	er trieb	er hat/ist getrieben	(A)
treten[22]	er tritt	er trat	er ist/hat getreten	–
trinken	er trinkt	er trank	er hat getrunken	A
tun	er tut	er tat	er hat getan	A
verbleichen	es verbleicht	es verblich	er/es ist verblichen	–
verderben[23]	er verdirbt	er verdarb	er hat/ist verdorben	(DA)
verdrießen	es verdrießt	es verdroß	er hat verdrossen	A
vergessen	er vergißt	er vergaß	er hat vergessen	A
verlieren	er verliert	er verlor	er hat verloren	A
verschwinden	er verschwindet	er verschwand	er ist verschwunden	–

Основные формы сильных и неправильных глаголов

verzeihen	er verzeiht	er verzieh	er hat verziehen	D A
wachsen	er wächst	er wuchs	er ist gewachsen	–
waschen	er wäscht	er wusch	er hat gewaschen	(D) A
weichen[24]	er weicht	er wich	er ist gewichen	–
weisen	er weist	er wies	er hat gewiesen	D A
wenden	er wendet	er wandte (wendete)	er hat gewandt (gewendet)	(A)
werben	er wirbt	er warb	er hat geworben	(A)
werden	er wird	er wurde	er ist geworden	N
werfen	er wirft	er warf	er hat geworfen	A
wiegen[25]	er wiegt	er wog	er hat gewogen	A
winden	er windet	er wand	er hat gewunden	A
wissen	er weiß	er wußte	er hat gewußt	A
wollen	er will	er wollte	er hat gewollt	A
wringen	er wringt	er wrang	er hat gewrungen	A
ziehen[26]	er zieht	er zog	er hat/ist gezogen	A
zwingen	er zwingt	er zwang	er hat gezwungen	A + Inf.-K

[1] *bewegen* (stark): Was hat ihn bewogen, so schnell abzufahren?
   beweglen (schwach): Der Polizist bewegte den Arm.
[2] *dingen*: heute nur noch "einen Mörder dingen = der gedungene Mörder".
[3] *ist/hat gedrungen*: Das Wasser ist in den Keller gedrungen. – Er hat auf die Einhaltung des Vertrages gedrungen.
[4] *erlöschen* (stark): Das Feuer erlosch im Kamin.
   löschen (schwach): Die Feuerwehr löschte das Feuer.
[5] *erschrecken* (stark): Das Kind erschrak vor dem Hund.
   erschrecken (schwach): Der Hund erschreckte das Kind.
[6] *ist/hat gefahren*: Er ist nach England gefahren. – Er hat den Wagen in die Garage gefahren.
[7] *ist/hat geflogen*: Wir sind nach New York geflogen. – Der Pilot hat die Maschine nach Rom geflogen.
[8] *gären* (stark): Der Most gor im Faß.
   gären (schwach): Schon Jahre vor der Revolution gärte es im Volk.
[9] *hängen* (stark): Die Kleider hingen im Schrank.
   hängen (schwach): Sie hängte die Kleider in den Schrank.
[10] *lassen* (stark): Sie ließ die Kinder zu Hause.
   veranlassen (schwach): Die Behörden veranlaßten die Schließung des Lokals.
[11] *hat/ist gerissen*: Das Pferd hat an dem Strick gerissen. – Der Strick ist gerissen.

Основные формы сильных и неправильных глаголов

[12] *ist/hat geritten*: Er ist durch den Wald geritten. – Er hat dieses Pferd schon lange geritten.
[13] *schaffen* (stark): Am Anfang schuf Gott Himmel und Erde.
schaffen (schwach): Ich habe die Arbeit nicht mehr geschafft.
[14] *hat/ist geschieden*: Der Richter hat die Ehe geschieden. – Er ist ungern von hier geschieden.
[15] *schleifen* (stark): Er hat das Messer geschliffen.
schleifen (schwach): Er schliefte den Sack über den Boden.
[16] *hat/ist geschmolzen*: Das Wachs ist geschmolzen. – Sie haben das Eisenerz geschmolzen.
[17] *schwellen* (stark): Seine linke Gesichtshälfte ist geschwollen.
schwellen (schwach): Der Wind schwellte die Segel.
[18] *ist/hat geschwommen*: Der Flüchtling ist durch die Elbe geschwommen. – Er hat drei Stunden im Schwimmbad geschwommen.
[19] *senden* (stark): Sie hat mir ein Weihnachtspäckchen gesandt.
senden (schwach): Um 20 Uhr werden die Nachrichten gesendet.
[20] *hat/ist gestoßen*: Ich habe mich an der Küchentür gestoßen. – Er ist mit dem Fuß gegen einen Stein gestoßen.
[21] *ist/hat getrieben*: Sie hat die Kühe auf die Weide getrieben. – Das Boot ist an Land getrieben.
[22] *ist/hat getreten*: Er ist ins Zimmer getreten. – Er hat mir auf den Fuß getreten.
[23] *hat/ist verdorben*: Er hat mir alle Pläne verdorben. – Das Fleisch ist in der Hitze verdorben.
[24] *weichen* (stark): Der Bettler wich nicht von meiner Seite.
weichen (schwach): Die Brötchen sind in der Milch aufgeweicht.
[25] *wiegen* (stark): Der Kaufmann wog die Kartoffeln.
wiegen (schwach): Die Mutter wiegte ihr Kind.
[26] *hat/ist gezogen*: Das Pferd hat den Wagen gezogen. – Er ist in eine neue Wohnung gezogen.

Перечень грамматических терминов

das Adjektiv прилагательное
das Adverb наречие
der Akkusativ винительный падеж
das Akkusativobjekt дополнение в винительном падеже (прямое)
das Aktiv действительный залог
die Apposition приложение
der Artikel артикль
das Attribut определение
der Aufforderungssatz повелительное предложение
der Aussagesatz повествовательное предложение
der bestimmte Artikel определенный артикль
der Dativ дательный падеж
das Dativobjekt дополнение в дательном падеже
die Deklination склонение
das Demonstrativpronomen указательное местоимение
direkte Frage прямой вопрос
direkte Rede прямая речь
die Endung окончание
die Entscheidungsfrage общий вопрос
die Ergänzungsfrage частный вопрос
feminin женский род
der Finalsatz придаточное предложение цели
der Fragesatz вопросительное предложение
das Futur будущее время (глагола), футур
das Futur Perfekt / Futur II будущее завершенное время глагола,
                футур II
der Genitiv родительный падеж
das Genitivobjekt дополнение в родительном падеже
die Grundzahl числительное количественное
der Hauptsatz главное предложение
das Hauptverb основной/смысловой глагол
das Hilfsverb вспомогательный глагол
der Imperativ повелительное наклонение
das Imperfekt прошедшее повествовательное время глагола,
                имперфект
indirekte Frage косвенный вопрос
indirekte Rede косвенная речь
der Infinitiv неопределенная форма глагола, инфинитив
der Infinitivsatz/die Infinitivgruppe инфинитивная группа

Перечень грамматических терминов

intransitives Verb непереходный глагол
der Kausalsatz придаточное предложение причины
die Komparation степени сравнения
der Komparativ сравнительная степень
der Komparativsatz сравнительное придаточное предложение
der Konditionalis форма сослагательного наклонения, кондиционалис
der Konditionalsatz условное придаточное предложение
die Konjugation спряжение
die Konjunktion союз
der Konjunktiv сослагательное наклонение, конъюнктив
der Konsekutivsatz придаточное предложение следствия
der Konzessivsatz уступительное придаточное предложение
der Korrelat соотносительное слово, коррелят
maskulin мужской род
das Modalverb модальный глагол
nebenordnende Konjunktionen сочинительные союзы
der Nebensatz придаточное предложение
neutral средний род
das Nomen имя существительное
der Nominativ именительный падеж
das Objekt дополнение
das Objektsatz придаточное дополнительное
die Ordnungszahl порядковое числительное
das Partizip причастие
das Partizip I причастие первое, партицип I
das Partizip II/Perfekt причастие второе, партицип II
die Partizipialkonstruktion причастная конструкция
das Passiv страдательный залог
das Perfekt прошедшее разговорное время (глагола), перфект
die Person лицо
das Personalpronomen личное местоимение
der Plural множественное число
das Plusquamperfekt предпрошедшее время (глагола), плюсквамперфект
das Possessivpronomen притяжательное местоимение
das Prädikat сказуемое
das Präfix префикс, приставка
die Präposition предлог
das Präpositionalobjekt предложное дополнение
das Präsens настоящее время глагола, презенс

Перечень грамматических терминов

das Präteritum прошедшее повествовательное время (глагола), претерит
das Pronomen местоимение
das Pronominaladverb местоименное наречие
reflexives Verb возвратный глагол
das Reflexivpronomen возвратное местоимение
die Rektion управление
das Relativpronomen относительное местоимение
der Relativsatz относительное придаточное предложение
der Satz предложение
der Singular единственное число
der Stamm корень (слова)
das Subjekt подлежащее
der Subjektsatz придаточное подлежащее
das Substantiv существительное
das Suffix суффикс
der Superlativ превосходная степень
der Temporalsatz придаточное предложение времени
transitives Verb переходный глагол
trennbares Verb разделимый глагол
der Umlaut перегласовка, умлаут
unbestimmter Artikel неопределенный артикль
unbestimmtes Pronomen неопределенное местоимение
unpersönliches Verb безличный глагол
unterordnende Konjunktion подчинительный союз
unterennbares Verb неразделимый глагол
das Verb глагол
die Vorsilbe приставка
die Zahl число
die Zeitform временна́я форма (глагола)
zusammengesetztes Substantiv сложное существительное
zusammengesetztes Verb сложный глагол
das Zustandspassiv пассив состояния

Указатель

A
ab 6
aber 6
alle 7
alles 8
als 9
als ob 10
am 10
an 10
anhand 12
ans 12
anstatt 12
auf 13
aufgrund 13
aufs 14
aus 14
außer 14
außberhalb 15

B
bald..., bald... 15
bei 15
beiderseits 17
beim 17
besser 17
bevor 17
bin 17
bis 17

D
da 18
dank 19
da(r)- 19
dabei 20
dadurch 20
dafür 20
dagegen 20
damit 20
danach 20
dann 21
daran 21
darauf 21
daraus 21
darf 21
darin 21
darüber 21
darum 21
darunter 21
das 22
dasjenige 22
daß 23
dasselbe 23
davon 24
davor 24
dazu 24
dein 24
deiner 24
dem 25
den 25
denen 25
denn 26
der 26
deren 27
derer 27
derjenige 28
derselbe 28
des 29
deshalb 29
dessen 29
deswegen 30
dich 30
die 30
diejenige 31
diejenigen 32
dieselbe 32
diese 33
dieser 33
dieses 33
diesseits 34
doch 34
du 34
durch 35
durchs 35
dürfen 35

E
ehe 36
ein 37
einer 38
einige 39
einiges 39
eins 40
entgegen 40
entlang 41
entweder...oder 41
er 42
erste (der) 42
es 43
euer 44

F
für 45
fürs 46

G
gegen 46
gegenüber 46
gern 47
gewollt 47
geworden 47
gleiche (der) 48
gut 48

H
haben 48
hat 50
habe 50
halb 50
hätte(n) 51
her 52
herauf 52
herein 52
herüber 52

Указатель

herunter 53
heute 53
hierher 53
hin 53
hinauf 53
hinaus 53
hinein 54
hingegen 54
hinter 54
hinterher 55
hinterm 55
hinters 55
hoch 55
hohe(r) 56
höchst 56

I
ich 56
ihr 57
Ihr 58
im 58
in 58
infolge 60
innerhalb 61
ins 61
irgend- 61
irgendwann 61
irgendwas 61
irgendwelcher 62
irgendwer 62
irgendwie 62
irgendwo 62
irgendwoher 62
irgendwohin 62
ist 63

J
je 63
je...desto 63
je nachdem 64
jede 64
jeder 64

jedes 64
jedesmal 65
jemand 65
jene 65
jener 65
jenes 65
jenseits 66

K
kann 66
kannte 66
kein 66
keine 67
keiner 67
keines 67
kennen 67
können 67
konnte 69
könnte 69

L
längs 69
läßt 69
lassen 69
laut 71
lieber 71

M
mag 72
man 72
manche 73
mancher 73
manches 73
mehr 74
mehrere 75
mein 75
meiner 76
mit 76
mochte 77
möchte(n) 77
mögen 78
muß 79

müssen 79

N
nach 81
nachdem 83
nämlich 83
nannte 83
nennen 83
neben 84
nicht 84
nicht nur, sondern auch 85
nichts 85
nie 86
niemals 86
niemand 86
nirgends 86
nirgendwohin 87

O
ob 87
obwohl 87
obschon 88
obzwar 88
oder 88
ohne 88

R
rauf 89
raus 89

S
sei 89
sein 90
seit 92
seitdem 93
sich 93
sie 94
Sie 95
so daß 95
so...wie 96
sobald 96

Указатель

solange 96
solche 97
solcher 97
solches 97
sollen 97
sondern 99
sonst 99
sowohl..., als auch 100
statt 100

T
trotz 101
trotzdem 101
tun 101

U
über 102
überm 104
übern 104
übers 104
um 104
ums 106
ungeachtet 106
unser 106
unserm 107
unsern 107
unsers 107
unsrem 107
unsren 107
unsres 107
unter 107
unterm 109
untern 109
unters 109
unweit 109

V
viel 109
viele 110

vom 111
von 111
vor 112
vorm 114
vors 114

W
während 114
wann 115
war 115
warum 117
was 117
wegen 118
weil 119
weiß 119
welche 119
welcher 119
welches 119
wem 120
wen 121
wenig 121
wenige 122
wenn 123
wer 124
werden 125
wessen 127
wider 127
wie 127
wieviel 129
wir 129
wird 130
wissen 130
wo 131
wo(r)- 132
woran 132
worauf 132
woraus 132
wobei 132

wodurch 132
wofür 133
wogegen 133
woher 133
wohin 133
wollen 133
wollte 135
womit 135
wonach 135
worden 135
worüber 135
worum 135
worunter 135
wovon 136
wovor 136
wozu 136
wurde 136
würde 136

Z
zu 137
zum 139
zur 139
zwischen 139

Использованная литература

Е.И. Шендельс. Практическая грамматика немецкого языка. М., 1988.
Словарь словообразовательных элементов немецкого языка. Под рук. М.Д. Степановой М., 1979.
O. Moskalskaja. Grammatik der deutschen Gegenwartssprache M., 1983.
Duden, Band 4. Die Grammatik. Mannheim, 1973.
Heinz Griesbach Deutsche Grammatik im Überblick. München, 1981.
Dora Schulz, Heinz Griesbach. Grammatik der deutschen Sprache. München, 1988.
Heinz F. Wendt. Langenscheidts Kurzgrammatik Deutsch. Berlin, 1981.
Gerhard Helbig, Joachim Buscha. Deutsche Grammatik. Berlin, 1993.
Lorenz Nieder. Lerngrammatik für Deutsch als Fremdsprache. München, 1987.
Dreyer-Schmitt. Lehr-und Übungsbuch der deutschen Grammatik. München, 1990.

Оглавление

Предисловие	3
Как пользоваться словарем	4
Сокращения	4
Словарь от A до Z	6
Грамматические таблицы	141
Глагол	142
личные формы	142
временные формы	142
модальные формы	143
спряжение глаголов	144
спряжение слабых глаголов	145
спряжение слабых глаголов в пассиве	145
спряжение сильных глаголов	146
спряжение сильных глаголов в пассиве	147
спряжение глагола haben	148
спряжение глагола sein	149
спряжение глагола werden	150
спряжение модальных глаголов	151
спряжение глагола lassen	157
употребление временных форм	158
употребление пассива	162
употребление модальных глаголов	162
Существительное	165
множественное число существительных	165
склонение существительных	166
Артикль	167
определенный артикль	167
неопределенный артикль	167
употребление артикля	167
Прилагательное	169
склонение прилагательных	169
степени сравнения	171
Числительное	172
количественные числительные	172
порядковые числительные	172
дробные числительные	172
Местоимение	173
личные местоимения	173
притяжательные местоимения	174

возвратные местоимения	175
указательные местоимения	176
вопросительные местоимения	179
относительные местоимения	181
неопределенные местоимения	182
Наречие	193
наречие места	193
наречие времени	198
наречия меры и степени, образа действия и др.	206
Предлог	213
Союз	216
Предложение	225
члены предложения	225
сказуемое	225
подлежащее	226
дополнение	226
обстоятельство	227
определение	227
структуры предложения	228
Список глаголов, требующих дополнения в дательном падеже	230
Список глаголов, требующих дополнения с предлогом	232
Список глаголов, требующих дополнения в винительном и дательном падежах	238
Список глаголов, требующих прямого дополнения и дополнения с предлогом	241
Список глаголов, требующих формального и предложного дополнения (возвратные глаголы)	244
Список прилагательных, требующих дательного падежа	247
Список прилагательных, требующих дополнения с предлогом	248
Таблица нахождения инфинитива	250
Основные формы сильных и неправильных глаголов	256
Перечень грамматических терминов	263
Указатель	266
Использованная литература	269

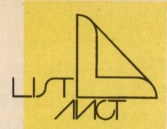

ООО "Лист-Нью"

*Адрес: г. Москва,
ул. Дм.Ульянова, д.3;
почт. адрес: 117333
г. Москва а/я 366
время работы:
понедельник-пятница: 10-17*

ИЗДАТЕЛЬСТВО, ОПТОВАЯ КНИГОТОРГОВЛЯ

широкий выбор детской, учебной, прикладной, справочной и языковой литературы

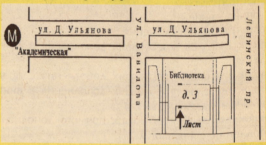

Предлагаем долговременное сотрудничество книготорговым организациям: реализация, оптовый книгообмен.

Приглашаем к сотрудничеству авторов, владельцев авторских прав.

Издательство будет благодарно за любые отзывы о своих книгах и готово выслушать Ваши предложения об издании новых книг.

Тел/факс (095) 135-4201